# ¿CÓMO CHINGAOS SOBREVIVIR A UNA PANDEMIA?

**Adina Chelminsky**

# ¿CÓMO CHINGAOS SOBREVIVIR A UNA PANDEMIA?

HarperCollins

**HarperCollins**_México_

© 2020, HarperCollins México, S.A. de C.V.
Publicado por HarperCollins México
Insurgentes Sur No. 730, 2º piso,
03100, Ciudad de México.

© Adina Chelminsky

Diseño de forros: Cáskara Editorial / Liz Batta
Ilustraciones de portada: ©Shutterstock y ©iStockphoto
Fotografía de autora: Ailin Hanono
Diseño de interiores: Felipe López/Grafia Editores SA de CV
Caricaturas de interiores: Luis Barbosa
Cuidado de la edición: María Teresa Solana/Grafia Editores SA de CV

ISBN 978-1-4002-4698-4

Primera edición: marzo 2023.

*Para el mejor ejemplo que pude
tener en la vida, mi papá.*

# Índice

## PARTE 3
### Perfecciona tu plan financiero

# Las 10 verdades universales del manejo del dinero

CIERTO, EL MANEJO del dinero cambia según cada persona y según los momentos de la vida y las circunstancias del mundo. Sin embargo, sin importar quién seas o si estás en medio de una crisis, saliendo de una crisis o en un momento de relativa calma, hay acciones que SIEMPRE van a ser indiscutibles en el manejo del dinero.

### 1. Estarás convencido de su importancia

Si no estás convencido de los beneficios de tener una vida financiara sana y rica, ni lo intentes. Debes tener la entrega y convicción suficientes para hacer los cambios necesarios, que a veces duelen y cuestan, y la paciencia para esperar que los resultados se hagan realidad.

### 2. Serás organizada

El mejor amigo de las finanzas sanas es la organización. Ordena y clasifica tus archivos electrónicos y papeles, y procura mantenerlos al día para evitar errores no intencionales.

### 3. Tendrás un mapa

La mejor manera de obtener resultados positivos es elaborando —y cumpliendo— un plan de acción concreto y personalizado. De eso se trata este libro.

### 4. Empezarás hoy

Cuanto antes empieces a organizar tu vida financiera, mejor. El mejor aliado para hacer crecer tu dinero es el tiempo. La anticipación permite tomar decisiones más tranquilas y acertadas y enfrentar las crisis con mayor preparación.

### 5. Esperarás imprevistos

Lo único seguro en la vida es que no hay nada seguro. No puedes evitar los imprevistos y reveses de la vida, pero sí puedes protegerte de antemano para enfrentarlos de la mejor manera posible.

### 6. Mantendrás la fe

Procura seguir tu plan financiero aun ante imprevistos. Si bien los golpes de la vida a veces te podrán descarrilar y obligarán a hacer ajustes a tus finanzas, continúa con tu propósito, visión y convicción.

### 7. No copiarás a tu vecin@

En el manejo del dinero no existen recetas de cocina: lo que le funciona a otra persona no es necesariamente lo mejor para ti. Toda decisión financiera que tomes debe basarse en tus características y necesidades.

### 8. No buscarás soluciones mágicas

Tienes más probabilidades de ser alcanzado por un rayo que de ganarte la lotería. El camino para conseguir lo que quieres es, simple y sencillamente, la planeación, el ahorro y la organización.

### 9. No renunciarás ante los errores

Hasta los más grandes inversionistas cometen equivocaciones en el manejo de su dinero; si llegas a caer en una (o en varias), no te desanimes, aprende de ellas, resuelve las fallas y continúa hacia adelante.

### 10. Siempre debes recordar que el dinero no compra la felicidad... pero su buen manejo sí puede brindarte una gran tranquilidad

# Introducción: Y heme aquí ~~sobreviviente~~ superviviente

SUENA EL TELÉFONO: "Covid positivo".

Recibes un correo: "Estás despedido".

Escuchas un mensaje de voz: "Ya no te amo, me voy de la casa".

Lees un SMS: "Lo siento, falleció".

Una noche de insomnio: "Necesito hacer un cambio radical en mi vida".

*¿Cómo chingaos voy a salir de esta?*

Puede ser algo fuera de tu control. Una enfermedad. Un divorcio. Una muerte. Una recesión económica nacional. La pérdida de empleo o una quiebra. Un desastre natural o una crisis de conciencia personal... Sabes que tu vida no va a ser la misma después.

O quizás es una crisis que tú buscaste, un cambio que aun siendo radical tú provocaste porque sientes que lo necesitas, y justamente lo que quieres es que tu vida no sea la misma después.

Dicen que la vida es la suma de nuestros éxitos. Difiero. Nuestra vida es el recuento de nuestras crisis, de lo que pasó (por circunstancias externas o decisiones personales), de cómo nos afectó, y sobre todo de cómo salimos adelante. Es en ellas, en los momentos más tristes y terribles de nuestra vida, en los de mayor duda e incertidumbre, en donde

11

demostramos (¡NOS demostramos!) lo mejor de nosotros mismos, de lo que somos capaces.

**Crisis:** Sustantivo. Situación trascendente y decisiva que implica transformaciones profundas y de consecuencias importantes. Cambio radical, muchas veces inesperado, en las circunstancias y condiciones de vida. Renovación que implica riesgos. Fase inevitable, impredecible y de efectos incalculables.[1]

Ahora, dejemos por un momento a un lado la parte romántica de las crisis como instrumento motivacional de los gurús en Internet, como guion de frases que, impresas sobre un fondo de nubes y arcoíris, te impulsan a ser mejor persona.

*¡Todo pasa por algo! ¡Dios sabe por qué hace las cosas! ¡Vas a salir más fortalecido de esto!* Váyanse todos de puntitas a... Estoy en medio de una crisis, no necesito lecciones, necesito soluciones.

Las crisis son pinches. Cabronas. Dolorosas de a madres.

Lo que es peor, hay crisis que no te construyen ni te hacen mejor persona. La realidad es que hay crisis que destruyen y de las que nunca te recuperas por completo.

¿En dónde está la diferencia entre las crisis de las que sales adelante fortalecido y en las que te quedas atorado o destruido? ¿Cuál es el factor que las diferencia? ¿La severidad? ¿Tu carácter? ¿El apoyo moral de la gente que te rodea?

Sí.

Sí.

---

[1] Definición del Real Diccionario de la Lengua Adina.

Y sí.

Pero hay una razón adicional. Una razón fundamental que no podemos omitir: el poderoso caballero don Dinero; más bien dicho, tu situación económica, las armas financieras que tienes para enfrentar una crisis cuando llega, para vivirla mientras dura, y para reconstruirte y poder salir adelante.

No es lo mismo enfrentar un despido cuando tienes una cuenta de emergencia lista. No es lo mismo el dolor de la muerte de un ser querido cuando hay un seguro de vida contratado; un divorcio, cuando sabes manejar tus inversiones; una enfermedad, cuando no tienes deudas.

El dinero no evita la caída al vacío ni la angustia ni el dolor, pero vaya que suaviza la caída.

Irónicamente, en un momento de crisis en lo último en lo que *quieres* pensar es en el dinero, pero en un momento de crisis en lo primero que *tienes* que pensar es en el dinero.

No solo por las decisiones de gasto que te permite tomar con mayor holgura, lo que te facilita mayores opciones de solución, sino porque el tener estabilidad financiera posibilita tomar decisiones más tranquilas, acertadas, sopesadas y pensadas que ayudan a resolver, o por lo menos a no ahondar más, el mal momento.

## No solo de pan vive el hombre

Durante siglos hemos asumido que esto implica que las cosas más importantes de la vida no son el pan/lo material. Falso. Lo que esta frase dice es: "De pan vive el hombre", ESA es la base. Que necesitamos otras cosas para nutrir nuestra vida y alma, indiscutiblemente, pero lo material es la base.

Solo si tenemos nuestra vida financiera en orden y estable (y, ojo, aquí no hablamos de cantidades de ceros a la derecha sino de hacer lo mejor posible) podemos disfrutar de todas las cosas maravillosas de la vida. El hombre y la mujer necesitan tener el estómago lleno de pan para poder disfrutar el resto de la vida.

Este es un libro de finanzas personales para enfrentar y salir adelante de las crisis de la vida, sean pandemias mundiales, tsunamis económicos, tormentas emocionales o crisis personales cotidianas. También es un libro para tu vida

cotidiana —para esas épocas de relativa estabilidad sin sobresaltos ni cambios radicales—, para vivirla al máximo y poder aprovechar todo lo que la independencia, tranquilidad y estabilidad financiera nos pueden dar, y para estar preparados para el momento inesperado en que una crisis llegue.

De una crisis no salimos como sobrevivientes, sino como SUPERVIVIENTES. No todos los superhéroes usan capa; algunos se valen de ahorros, inversiones, buen manejo de deuda y seguros para salvar *su* mundo.

# ¿Cómo se organiza este libro?
# Un índice gráfico

**Parte 1: Rómpase en caso de emergencia**
¿Qué hacer cuando estalla una crisis?

**Parte 2: Un plan financiero**
Las bases de la planeación financiera

**Parte 3: Perfeccionando tu plan**
Los siguientes pasos

Paso 1: ¿Quién soy?

Paso 2: ¿Qué quiero?

Paso 3: ¿Cómo lo voy a conseguir?

1  Comprar una casa

2  Manejo de deuda

3  Protección

Cuenta de emergencia    Testamento    Seguros

Paso 1: ¿quién soy?

Cumplir tus sueños

Educación   Retiro   Donativos
de mis
hijos

Comprar      Lujos
una casa

Comprar con inteligencia

Comunicación financiera

Organización

# PARTE 1
## Rómpase en caso de emergencia

*No corro, no grito, no empujo, mantengo la calma.*
**Recomendaciones de Protección Civil ante una emergencia**

# Rómpase en caso de emergencia

## ¡No te apaniques!

Lo PRIMERO QUE oyes en el momento de enfrentar una crisis es "no te apaniques". Ya sean palabras de alguien más que trata de darte consuelo o tu voz interior que trata de contenerte.

Es el peor consejo en la historia de los consejos.

El "no te apaniques" no le ha quitado el pánico a nadie. Nunca.

Básicamente, en el momento en que escuchas "no te apaniques" es el momento en que empieza el pánico.

Es inevitable. Todas las crisis empiezan con un *shock*. Porque todas las crisis son, en cierta manera, inesperadas, y el *shock* genera un rango enorme de emociones: tristeza, enojo, impotencia y miedo.

Aun cuando haya habido decenas de indicios, de llamadas de atención o de avisos directos e indirectos, lo primero que piensas cuando estalla la bomba es la sorpresa de: "¿Cómo chingaos me pudo haber pasado esto?".

Las crisis son sinónimo de incertidumbre, y no hay nada que odie más el ser humano —y que lo apanique más— que la falta de certeza y la pérdida de control. Somos animales de costumbres, nos gusta saber qué va a pasar en el futuro, o por lo menos tener una idea clara de qué está pasando, y, por definición, una crisis nunca empieza con un narrador que te explica con voz grave y profunda: "Primero va a pasar esto..., y después de dos días va a pasar esto..., y en un mes va a pasar esto".

Más bien, las crisis te tiran al vacío y ahí tú te las arreglas.

Y cierto, no es que en condiciones normales de la vida tengamos el control de nada. Pero en tiempos de calma operamos mentalmente con una falsa ilusión de control, por lo menos sobre algunas cosas, que nos permite actuar, tomar decisiones y sopesar riesgos.

En cambio, en un momento de crisis pierdes incluso la ilusión del control, y eso paraliza por completo.

¿Pensar en dinero en los momentos iniciales de una crisis? No, esta es la respuesta: llorar o mentar madres (cada quien según su estilo y la situación en particular). Es el momento de tragarse el *shock*, de apoyar los pies en la tierra. De absorber mentalmente lo que está pasando.

El único consejo prudente en estos momentos es RESPIRA. Respira físicamente. Inhala y exhala lenta y profundamente. Si no puedes controlar nada de lo que está pasando afuera, por lo menos oxigena tu cerebro, pues lo vas a necesitar mucho.

Las primeras respuestas a una crisis siempre son primitivas. Podemos ser ciudadanos del siglo XXI, modernos, usuarios de la tecnología más avanzada, expertos en algoritmos y amantes de las redes sociales, pero en el momento en que nos sorprende la adversidad, el cuerpo actúa como si fuéramos neandertales frente a un tigre dientes de sable.

La parte más primitiva del cerebro toma las riendas y manda una inyección de adrenalina al cuerpo en lo que se conoce como la respuesta "pelea o huye" *(fight or flight response)*. Actuar se vuelve una emergencia, de cortísimo plazo, literalmente para defender tu vida o salir corriendo para refugiarte. Todo es rápido. No tienes tiempo para cuestionarte. Sacas los puños, sacas las uñas, sacas la casta. Miles de listas, decenas de llamadas y correos y mensajes de texto. Decisiones intuitivas. Acciones automáticas. En retrospectiva, las decisiones y acciones que tomas en este modo mental no siempre son las más adecuadas, pero son las que se tienen que tomar con urgencia para sobrevivir al momento.

Pero la mente y el cuerpo humano no están hechos para funcionar mucho tiempo en modo de emergencia. Estas medidas acaban por agotarnos y por perder su efectividad, nos confinan en la toma de decisiones acotadas y en la visión de corto plazo. Además, operar en un escenario de catástrofe inminente (por más que sea o no cierto) mata cualquier posibilidad de tomar decisiones sensatas (y de que no se nos reviente la gastritis).

Después de un tiempo, en vez de pelear o huir debe empezar la respuesta de "nadar o hundirse" *(swim or sink)*.

A diferencia de correr o pelear, que son reflejos naturales del cuerpo humano, nadar es un movimiento aprendido. Nadie nace sabiendo nadar. Hay que pensar de una manera estratégica y coordinar las cuatro extremidades y la respiración antes de dar cada brazada y dar una y después otra y otra.

Adiós a las decisiones de emergencia, ahora es el momento de las decisiones estratégicas, que son mucho más difíciles de tomar pero que son inaplazables. Se vale seguir llorando y mentando madres, pero, a la vez, es lo que tienes que empezar a hacer. Este es el momento de empezar a tomar decisiones financieras. Este es el momento de empezar a pensar en dinero.

## Brazadas para mantenerte a flote

**1. Lo básico: tu esquema mental.** Trata de mantener la calma y empieza a tomar decisiones pensadas y tranquilas. No, el esquema mental no cambia en nada la realidad, pero cambia abismalmente la manera en que la enfrentamos. *Somos lo que pensamos*. El pánico es el peor consejero del mundo, ninguna decisión financiera tomada en la locura y en la histeria va a ser buena. Nunca. Jamás. Lo primero que tenemos que hacer es separar las cosas sobre las que tenemos control y las que no. Olvidarnos de las primeras y enfocarnos en la segundas.

**2. Acaba con la miopía.** Lo primero que hace una crisis es levantar frente a nuestros ojos una pared de titanio que nos impide ver más allá de lo inmediato. Derríbala. Vuelve a empezar a hacer *planes a futuro*, cosas que comprar, sueños financieros que cumplir —profundos o banales—. No se trata de hacer planes escritos en piedra y firmados con sangre; es nada más un ejercicio mental y operativo para ver hacia adelante, evaluar escenarios y empezar a caminar hacia allá. Entender que hay vida después de la tormenta es fundamental.

**3. Haz una auditoría de los daños: fíjate en dónde te pegaron y dónde te duele.** Así como le decimos a un niño cuando se cae de la patineta: "Tócate donde te duele", haz una lista, por escrito, de todos los efectos que esta crisis está teniendo sobre tu dinero. ¿Te quedaste sin ingresos? ¿Estás sobrepasado en deudas? ¿Perdiste tus ahorros? Una lista sencilla pero completa. *Desahoga ahí tu angustia*, escribe todo lo que te preocupa en función de tu vida material. Si necesitas hacer uso de seguros o testamentos o cuentas de emergencia, empieza a tramitar su empleo.

**4. Plan A de acción.** Con la lista de angustias en mano define lo que es inminente atender y plantea los pasos de acción para hacerlo. Cada crisis es diferente, pero como regla general, en los primeros momentos de una crisis debes tratar de cimentar tus fuentes de ingreso, reducir tus gastos al máximo, postergar las compras que no sean indispensables, cuidar el uso del crédito. Estos pasos, si es que son factibles, te ayudarán no solo a tener mayor estabilidad financiera, sino a sentir que *retomas el control*, por lo menos en lo que pasa lo peor y puedes reanudar tu vida anterior poco a poco.

**5. Haz un plan B (y C y D y E…).** En un momento de crisis todo lo que puede salir mal sale mal. No es karma, es simplemente el desparramamiento de las consecuencias. Muchas veces las crisis no son un evento independiente, sino una serie de acontecimientos desafortunados que, como el proverbial dominó, *empiezan a caer poco a poco*. Imagina y escribe diferentes escenarios, desde el peor que puedas idear hasta el más benévolo, y establece soluciones para cada uno. No, no es cuestión de ser un oráculo y tratar de adivinar el futuro (imposible), simplemente se trata de visualizar y diseñar con anticipación planes de acción, algo que te dará mucha más tranquilidad.

**6. Ponte a dieta de información.** Bien dice el dicho que la información es poder; sin embargo, en temas financieros la diferencia entre estar bien informado y poder tomar decisiones correctas, y estar *sobre/mal informado* y volverse loco a la hora de actuar, es insignificante. En momentos de crisis muchas veces sentimos que podemos retomar el control estando "al corriente de lo que pasa en el mundo", pero como muchas otras cosas en la vida moderna, el acceso a la información también ha llegado a un exceso inaudito: redes sociales, *chats, newsletters,* sitios de periódicos, analistas, expertos, grupos de mamás, tu compadre "experto"… Tratar de seguir toda la información que se genera no solo es imposible (no hay suficiente tiempo), sino que, irónicamente, nos daña: el exceso de información es tan nocivo como la falta de ella. Busca solo fuentes de calidad y limita el tiempo que dedicas a ellas (¡no necesitas saber cada detalle, nadie te va a hacer un examen!), pero, sobre todo, trata de entender todo lo que lees y escuchas para que no te puedan manipular con información falsa.

**7. No juegues juegos que no sabes jugar.** A río revuelto, ganancia de pescadores. Los momentos de crisis son aquellos en los que te van a ofrecer muchas *soluciones mágicas (o de mucha presión)* para resolver tu vida financiera en un dos por tres. No les hagas caso. Quien te recomienda esto es, en el mejor de los casos, un tonto bien intencionado, o, en el peor, un charlatán que te quiere timar. Sé muy cauto con los consejos financiero que escuchas. Cree la mitad y averigua el doble. Si algo suena demasiado bueno para ser verdad probablemente sea un engaño.

**8. Ve más allá de ti.** Haz trabajo social, dona unas horas de tu tiempo o tus conocimientos para aliviar los problemas de este mundo al que le duelen tantas, tantísimas cosas. Preocuparte por otros es, muchas veces, la mejor manera para salirte de tus problemas y ponerlos en perspectiva o en pausa, y con frecuencia es *esa perspectiva* la que te ayuda a tomar decisiones financieras más acertadas y proactivas.

**9. Cuídate: dale mantenimiento a la pieza más importante.** Lo primero y más importante que tienes que hacer para mantenerte a flote en una crisis (y no, no es un consejo financiero) es cuidarte como persona. Las crisis tienen como efecto secundario generar personas agotadas (la angustia drena la energía) que cada vez rinden menos, tienen menos paciencia, pierden más el control, y pueden tomar menos y menos buenas decisiones. Bien dice el dicho que mente sana en cuerpo sano. O cartera sana en cuerpo sano. No puedes escatimar en la pieza más importante de tu patrimonio: TÚ MISMO.

Arregla las tuercas de tu cuerpo y los cables de tu cabeza. Cuida tu salud física y tus hábitos de vida con una dieta sana, ejercicio, buenos hábitos de sueño, atendiendo tu salud física y consultando a profesionales de salud mental.

Rodéate de gente que te quiere; esta es, muchas veces, la mejor medicina. No te vuelvas un ermitaño que lleva todo el peso del mundo a sus espaldas. Acércate a la gente, busca remanso en ella. Háblale a tu mamá. A ese amigo del pasado que llevas meses pensando en hablarle. Parcha rencillas. Márcales, mándales un correo, pregúntales cómo están, comparte cómo estás tú. Confía y delega. Aprende a decir que no. Recuerda: *Si te descompones tú se descompone todo*.

Pero veamos: ¿estos consejos van a resolver de tajo y de manera automática la crisis por la que estás pasando? ¿Harán que la gente vuelva, que te recontraten en el trabajo, que las enfermedades se vayan?

No. No hay soluciones mágicas. Nuestros deseos no son suficientes, nuestras mejores acciones, empeño y trabajo, tampoco. Hay muchísimos factores fuera de nuestro control que intervienen en la solución y recuperación.

Lo que sí hacen estos puntos es marcar una pauta, una pauta de consistencia, cuestionamiento y acción. *Y esas son las claves del sentido común*, las claves básicas que nos ayudan a encontrar, o a tratar de encontrar, el equilibrio entre lo que es esta realidad y en lo que la queremos transformar; entre los datos duros y la creatividad; entre el costo y el beneficio; entre lo que debemos exigir de la gente que nos rodea y lo que nos tenemos que comprometer a dar.

No podemos encontrar el equilibrio perfecto; lo que necesitamos es un equilibrio *perfectible*, porque salir delante de una crisis es un proceso de ensayo-error.

Hay que leer estos consejos y otros que irás encontrando en el camino, tomar lo que te sirva de ellos, adaptar lo que necesitas, desechar lo que no. Actuar. Evaluar los resultados y empezar de nuevo.

No es correr despavorido, es nadar con rumbo y con ritmo, brazada a brazada, decisión tras decisión, acción tras acción.

Dice un refrán que somos los arquitectos de nuestro propio destino. Es un hecho que hay que pensar estratégicamente y diseñar los planos, pero también somos el albañil. Así que a arremangarnos las mangas de la camisa y a ensuciarnos las manos.

Porque resolver una crisis es como un omelet: quién sabe de qué va a estar relleno, cuáles son las decisiones que se tienen que tomar o las acciones que se tienen que realizar para salir adelante, pero de que la receta lleva huevos, lleva huevos.

O, dicho de una manera más linda, implica valentía.

Tenemos que ser valientes. Este el atributo clave en los primeros momentos de una crisis. Es la bravura personal lo que nos va a llevar a buen puerto, independientemente de qué haya sido lo que nos tiró o de lo complicado del camino para resolverla.

Las crisis destruyen, unas más que otras, a unos más que a otros. A unos les destruye sus negocios o empleos, a otros su vida personal, a otros su salud, a otros su salud mental, a otros sus planes, a otros su tranquilidad, a otros todas las anteriores.

Parece que nos da pena aceptar el factor más humano de las crisis: generan miedo.

Es obvio. Te arrojan a un precipicio y en medio de la caída libre tienes que construir un paracaídas.

No es miedo, es pánico.

Solo los tontos no tienen miedo.

Para salir de una crisis necesitas valentía para reconstruir y reconstruirte a pesar de la incertidumbre y de las circunstancias. Reconstruirte pieza a pieza, tantas veces como sea necesario. Reconstruirte no para ser lo que eras antes, sino para ser mejor.

Las crisis son el momento de demostrarnos (porque en realidad no hay que demostrarle nada a nadie más) de qué estamos hechos. De cómo los peores momentos sacan lo mejor de nosotros mismos.

Como bien decía el gran Nelson Mandela: "El valor no es la ausencia del miedo, sino el triunfo sobre él. El hombre valiente no es el que no siente miedo, sino el que lo conquista".

Y una vez pasados los primeros momentos de la crisis es el tiempo de empezar a planear, a reconstruir, de darle vuelta a la hoja. Literalmente.

Dale vuelta a esta página y empieza a leer la que sigue: un plan financiero hecho a tu medida.

# PARTE 2
## UN PLAN FINANCIERO HECHO A TU MEDIDA

*El camino de mil millas empieza
con solo un paso.*
**Lao Tse**

# ¿Un programa financiero? ¿Yo? ¿Por qué no lo había pensado/hecho/perfeccionado antes?

EMPECEMOS POR EL principio. Respira hondo y piensa por qué nunca te habías preocupado por tener un programa financiero hecho a tu medida. Tuyo. Para ti. Para tu riqueza. Si tenemos planes para todo, ¿por qué no tenemos planes para nuestra vida financiera? ¿Por qué es, muchas veces, en un momento de emergencia cuando nos recriminamos no haberlo hecho antes?

Es muy irónico que, siendo el dinero una parte tan importante de la existencia moderna (y aquí no estoy siendo cínica, simplemente realista), nadie se preocupe por enseñarnos a utilizarlo bien. Desde el kínder hasta la universidad, el temario de las escuelas pasa prácticamente de largo respecto a enseñarnos cómo manejar nuestra vida financiera. Y más allá del horario escolar, tampoco tenemos árbol al cual arrimarnos. El desconocimiento financiero se ha transmitido de generación en generación. Dado que el manejo del dinero se aprende más por la práctica que por la teoría, literalmente copiamos lo que vemos: es lógico y natural que padres confundidos críen hijos que también lo estén.

Crecemos con el desconocimiento, que genera miedo y que alimenta mitos y leyendas urbanas en torno al dinero #TodoMal.

Se crea un círculo vicioso en el cual los mitos hacen que no actuemos, lo que genera más confusión, lo que produce más mitos, lo que hace que no actuemos... y así eternamente. Empecemos por hablar de ellos y despejarlos.

**Mitos y pretextos para vivir en franca desorganización financiera**

**Mito No. 1**

**"No lo hago porque no me alcanza".** La planeación financiera es solo para los ricos.

**Realidad No.1**

Este es uno de los casos en donde el orden de los factores sí altera el producto. No son los ricos los que dedican tiempo a poner en orden su vida financiera, sino que es la gente que le dedica tiempo a sus finanzas personales la que se hace rica. El camino a la riqueza está pavimentado de organización, cordura y dedicación.

**Mito No. 2**

**"Hasta que el futuro me alcance".** No me ocupo de mis finanzas personales porque soy muy joven.

**Realidad No. 2**

La juventud no justifica que no pienses en tu vida financiera; muy al contrario, es una oportunidad para hacerlo de una mejor manera. Cuanto antes empieces a planear tu vida financiera, mayores posibilidades tienes de tomar mejores decisiones y cumplir un mayor número de metas y sueños. Encarrilarte en un programa desde hoy te permite adoptarlo como el modo natural de hacer las cosas y sentar un patrón de organización y éxito que te acompañe a lo largo de tu vida.

**Mito No. 3**

**"El futuro ya me alcanzó, incluso me rebasó".** No me ocupo de mis finanzas personales porque ya soy demasiado viejo.

### Realidad No. 3

Nunca es demasiado tarde para empezar a organizar tu vida financiera; aun cuando ya estés por jubilarte, o lleves ya años sin trabajar, hacerlo puede tener beneficios muy importantes tanto para ti como para tus seres queridos.

### Mito No. 4

**"La brecha del dinero no es color de rosa"**. Las mujeres no necesitan preocuparse por sus finanzas personales.

### Realidad No. 4

Si hay un grupo social para el que la planeación financiera es particularmente importante son, precisamente, las mujeres. Las de 18 y las de 80, las heterosexuales, las LGBT+, las casadas, las que viven en unión libre y las solteras, las amas de casa y las profesionistas, las que son madres y las que no; todas enfrentan retos particulares en el manejo del dinero.

Las mujeres en la actualidad tienen menores ingresos que los hombres, mayores interrupciones en su vida laboral, viven más años en su época de retiro, y buscan cada vez mayor independencia, por lo que el énfasis en la planeación financiera es sumamente importante. Además, ellas son —por lo general— las encargadas de administrar el hogar y de marcar el camino de la educación de los hijos, y para ambas labores es indispensable el buen manejo del dinero.

### Mito No. 5

"Para mañana". No tengo tiempo para dedicarme al manejo de mi dinero.

### Realidad No. 5

Vivimos en un mundo de "posiciones de esquina": El éxito/fracaso es una cuestión de todo o nada; pensamos que si no emprendemos un proyecto de manera completa, pronta y perfecta (¿y quién tiene tiempo para eso?) las cosas no van a funcionar. Por lo tanto, ni siquiera nos tomamos la molestia de empezar. En el campo de las finanzas personales no se necesita firmar un contrato de vida o comprometerse a la perfección. Todo cambio, por pequeño que sea, sirve de algo. Cierto, entre más completo sea el compromiso, mejor, pero los cambios pequeños también dan resultados tangibles e importantes.

**Mito No. 6**
**"No es para mí".** Para manejar el dinero necesito saber matemáticas o economía y estoy negad@ para los números.
**Realidad No. 6**
La planeación financiera no depende de números (fuera de un par de sumas y restas que cualquier calculadora puede hacer), sino de utilizar el sentido común, dedicarles algo de tiempo, ser un poco organizado y tener buenas fuentes de información. El éxito en las finanzas personales no es cuestión de fórmulas, sino de actitud y acciones.

En resumen: empezar *hoy* un programa de planeación financiera, o perfeccionar el que ya tienes, es importante porque...
(Escoge una o varias de las razones que más te gusten):

- $ El tiempo vuela y cuando te das cuenta ya es el día de mañana y tienes que hacer frente a necesidades o compromisos para los que te hubiera gustado estar preparado (y el reloj ya no se puede echar para atrás).
- $ Las crisis no avisan y pegan con todo en los momentos que menos te lo esperas.
- $ No hay que dejar para mañana lo que debes hacer hoy.
- $ La única manera de hacerse rico es administrando bien lo que tienes.
- $ Nadie ha ganado un quinto simplemente soñando con el día "cuando sea rico".

$ Ningún error pasado es irreversible, y todo camino, por más desatinado que haya sido, tiene solución.

$ El dinero, tengas mucho o poco, nunca debe ser una razón de angustia o de noches de insomnio, sino una fuente para poder acceder a las diversas opciones y posibilidades que se ofrecen a tu alrededor.

Ser rico es una cuestión muy subjetiva, nadie se pone de acuerdo en los números exactos que hacen a un millonario. La verdadera riqueza se define por dos logros:

👍 Vivir con tranquilidad.

👍 Poder aprovechar y disfrutar lo que ofrece la vida, sean bienes materiales —autos, casas o viajes— o bienes que a pesar de estar más allá de lo material tienen también un precio en pesos y centavos, como la tranquilidad en la jubilación, la universidad para los hijos o ayudar a un ser querido.

El éxito, tanto en el campo del dinero como en todos los demás, no depende de las *grandes soluciones* que damos a los *momentos trascendentales* de la vida (de esos, honestamente, enfrentamos muy pocos), sino *de las pequeñas decisiones que tomamos en el día a día* para resolver problemas que al parecer son cotidianos y sin importancia, pero que con el paso de los años nos damos cuenta de que son los que marcan la diferencia.

La más importante de esas *pequeñas decisiones* es, simplemente, decidir actuar. ¿Estas list@? Pues manos a la obra.

# Todo empieza con un plan

El camino de las finanzas personales es, para la mayoría de nosotros, incomprensible y confuso. Entramos con muchas ganas atraídos por las promesas de riqueza, pero lo transitamos a ciegas; tomamos las decisiones sin la información necesaria. Cada revés que enfrentamos contribuye a frustrarnos un poco más, por lo que después de un par de tropiezos nos sentimos perdidos. Y por supuesto, preferimos abandonar el camino sin haber llegado a ninguna parte.

> Organizar tu vida financiera es tan simple como trazar un mapa. Es como cualquier *app* de movilidad que tenemos en el celular.

Para llegar a cualquier destino tienes que, primero, ingresar tu punto de partida, después, tu destino, y calcular la ruta mejor/más corta/más rápida para llegar a él.

Lo mismo ocurre con las finanzas personales. Lo primero es conocer en dónde te encuentras el día de hoy en términos de pesos y centavos, cuánto has acumulado a lo largo de tu vida, cuánto ahorras, cuánto debes y cuán preparado estás para enfrentar los reveses de la vida.

Después, debes definir qué quieres conseguir con tu dinero en el próximo año, en cinco o en veinte años. Conociendo ambos puntos puedes, entonces, diseñar el camino: cómo invertir, cómo comprar un bien necesario o un capricho, cómo protegerte de la mejor manera.

¿Es una ruta fija e inmodificable? No, en absoluto. Hay imprevistos; la vida cambia, las necesidades cambian, los objetivos cambian. Por eso existe la alternativa de "Recalcular".

Con un camino trazado y las armas necesarias (información, organización, prevención y un poco de tiempo para dedicarle) es mucho más probable encontrar el camino; incluso las crisis se vuelven mucho más fáciles de resolver y se puede retomar el camino: has llegado a tu destino.

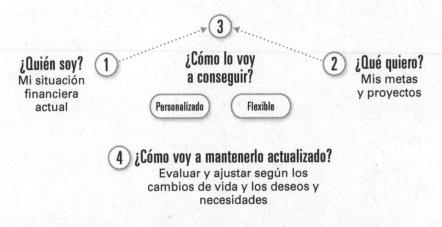

## Nota importante: Cada cartera es un mundo, o lo que es lo mismo, *no copies a nadie*

Para ser realmente exitoso, tu plan financiero debe ser tan individual como tú. No es lo mismo un joven que empieza su vida profesional, que un adulto con un pie en la jubilación; una madre soltera, que una ama de casa en una familia tradicional; una persona "genéticamente ahorrativa", que una a quien el dinero, literalmente, le quema las manos.

Los retos, metas y decisiones que debes tomar para poner tu cartera en orden son completamente personales. No hay planes universales ni perfectos. Tú debes diseñar el mejor plan para ti.

Para ello necesitas tres cosas:

$ Organización. Es un poco complicada, pero no imposible.

$ Sentido común. Es algo que todos podemos desarrollar y afinar.

$ Información. Bien dicen que la información es poder, y es precisamente este poder el que te va a hacer rico.

Estás a punto de cambiar tu vida. Empecemos.

# Paso 1. ¿Quién soy? ¿Dónde estoy? Una mirada en el espejo financiero

## ¿Cuánto ganas? ¿Cuánto gastas? ¿Debes mucho o poco? ¿Estás preparado para enfrentar una crisis?

Aun cuando todos los días hablamos de dinero y sudamos los pesos y centavos, pocas veces nos ponemos a pensar, a pensar a conciencia, en estas preguntas. Las respuestas pueden parecer obvias *(¡¿Cómo no voy a saber cuánto gano?!)*, pero la mayor parte de nosotros no conoce el panorama real de su situación financiera. Estamos acostumbrados a manejar el dinero *de manera automática*: compramos lo que "nos urge", sin pensar si realmente es necesario; nos endeudamos sin preguntarnos si vamos a poder pagar los créditos; elegimos un seguro de vida sin saber si es el más adecuado; omitimos firmar un testamento sin cuestionarnos si es necesario. En pocas palabras, no tenemos ni la más remota idea —o en el mejor de los casos tenemos una idea muy vaga— de nuestra situación financiera. ¿Por qué vivimos en la ignorancia?

Porque... (elige la respuesta que sea más adecuada para ti):

a) Siempre lo he hecho así.
b) Así lo hacen los demás, y si *todos* lo hacen de esa manera, entonces debe estar bien hecho.

c) No sé cómo hacerlo diferente, así es como aprendí.
d) Todas las anteriores.

Mal dice el dicho que ojos que no ven, corazón que no siente; en cuestiones de dinero, ojos que no ven, cartera que lo resiente. Independientemente de las causas de tu ignorancia (sean *a*, *b*, *c* o *d*), el primer, y quizás el más importante, paso para poder cambiar tu situación y maximizar tu riqueza es abrir los ojos, concientizarte de tu situación. Si no sabes en dónde estás parado, ningún plan financiero, por más especializado que sea, puede tener éxito. Conocer tu verdadera situación financiera es más sencillo de lo que puedes imaginar; lo que debes hacer es pararte frente a un "espejo financiero" y responder estas preguntas sobre tu vida financiera:

a) ¿Cuánto gano?
b) ¿Cuánto valgo? Lo que incluye lo que gasto, lo que tengo y lo que debo.
c) ¿Estoy preparado para enfrentar una crisis?

En las siguientes páginas encontrarás unas hojas de trabajo para responder a estas preguntas.

(Las respuestas y comparativos los podrás encontrar en la página 45).

## La importancia de hacerlo por escrito

¿Para qué perder el tiempo escribiendo mis respuestas en estos cuestionarios cuando es más fácil y rápido simplemente hacerlo mentalmente?

Llevar *por escrito* tu programa financiero es fundamental por varias razones:

- ⑤ Puedes analizar tu situación en blanco y negro y tener un panorama mucho más real y claro, lo que te permite tomar decisiones más acertadas.
- ⑤ Al escribir, enfocas y organizas mejor tus ideas.
- ⑤ Cometes menos equivocaciones, tanto de cálculo (sumas y restas), como de forma (repetir u omitir ciertos datos).
- ⑤ Tener un registro te permite medir el avance que tienes y comparar objetivamente cómo van mejorando tus finanzas.
- ⑤ Al escribir estableces un mayor compromiso para conseguir las metas que te propones.

Toma un lápiz y empieza a contestar la verdad y nada más que la verdad... ¡gluuuup!

# HOJA DE TRABAJO 1. *¿Cuánto gano?*

Fecha _____

| Dónde | Cuánto (cantidad bruta) | ¿Cada cuánto? semanal, quincenal mensual… | Fijo/Variable | Ajustado |
|---|---|---|---|---|
| Mi trabajo principal | $ _____ | _____ | | $ _____ |
| Mi trabajo secundario | $ _____ | _____ | | $ _____ |
| Otros trabajos | $ _____ | _____ | | $ _____ |
| Trabajo de mi esposa/esposo | $ _____ | _____ | | $ _____ |
| Trabajo secundario de esposa/esposo | $ _____ | _____ | | $ _____ |
| Trabajo de otro miembro de la familia | $ _____ | _____ | | $ _____ |
| Bonos periódicos | $ _____ | _____ | | $ _____ |
| Manutención o ayudas que recibo (por divorcio, remesas, etc.) | $ _____ | _____ | | $ _____ |
| Ingresos financieros (intereses o dividendos de inversiones) | $ _____ | _____ | | $ _____ |
| Otros ingresos (dividendos de negocios, préstamos, etc.) | $ _____ | _____ | | $ _____ |
| | | | (Suma) TOTAL | $ _____ |

Total Fijo $_____          Total Variable $_____
   % Fijo             % variable
_____(Total fijo_____          _____(Total Variable_____
Total) x 100= _____%          Total) x 100= _____%

*Convierte todos los pagos en su equivalente mensual:

Si recibes el pago cada mes ... deja el monto tal cual

Si recibes el pago quincenal ... multiplícalo por dos

Si recibes el pago semanal ... multiplícalo por cuatro

Si recibes el pago bimestral... divídelo entre dos

Si recibes el pago semestral ... divídelo entre seis

Si recibes el pago anual ... divídelo entre 12

Si los pagos son irregulares (no recibes lo mismo cada mes) saca un promedio: suma todo lo que recibiste el año pasado y divídelo entre 12.

El ingreso es fijo si el monto que recibes es constante y seguro cada mes (como el sueldo de un trabajo), o variable, si la cantidad y la certidumbre de que lo recibas cambia mes con mes (trabajo independiente, por ejemplo).

# HOJA DE TRABAJO 2. *¿Cuánto valgo?*

Fecha _____

**LO QUE ES MÍO (ACTIVOS)**

| | |
|---|---|
| Dinero en efectivo | $ _____ |
| Cuentas de banco | $ _____ |
| Inversiones | $ _____ |
| Dinero que me deben | $ _____ |
| Planes de retiro (Afore u otros) | $ _____ |
| Casas | $ _____ |
| Autos | $ _____ |
| Otros vehículos | $ _____ |
| Otros bienes de valor | $ _____ |

(Suma)

**TOTAL DE ACTIVOS**    $ _____

**LO QUE DEBO (PASIVOS)**    (Aun cuando estés al día las debes tomar en cuenta)

| | |
|---|---|
| Recibos pendientes de pago | $ _____ |
| Deuda en tarjeta de crédito | $ _____ |
| Otros créditos/deudas personales | $ _____ |
| Créditos de auto | $ _____ |
| Hipoteca | $ _____ |
| Empeños | $ _____ |
| Deudas con familiares | $ _____ |

(Suma)

**TOTAL DE PASIVOS**    $ _____

TOTAL DE ACTIVO    $ _____
(Resta)
TOTAL DE PASIVO    $ _____
(Igual)
**PATRIMONIO**    $ _____

# HOJA DE TRABAJO 3. ¿Estoy preparado?

Fecha _____

| | | | | |
|---|---|---|---|---|
| Cuenta de emergencia | SÍ | NO | Sí: | ¿Cuánto dinero tienes en ella? |
| Seguros de vida | SÍ | NO | Sí: | ¿A quién cubre? ¿Cantidad asegurada? |
| De gastos médicos | SÍ | NO | Sí: | ¿A quién cubre? ¿Cantidad asegurada? |
| De auto | SÍ | NO | Sí: | ¿Qué cubre? ¿Cantidad asegurada? |
| Ahorros para el retiro Afore | SÍ | NO | Sí: | ¿En dónde? ¿Saldo? Rendimiento último año |
| Otra cuenta | SÍ | NO | Sí: | ¿En dónde? ¿Saldo? Rendimiento último año |
| Testamento | SÍ | NO | Sí: | ¿Está actualizado? ¿Alguien sabe de su existencia? |

## ¿Cómo evaluar tus resultados?

¡Detente! Antes de que voltees las hojas y empieces a buscar en el final del libro el capítulo de *Respuestas correctas*, déjame decirte que estas no existen. No hay tal cosa como respuestas buenas o malas a estas preguntas.

Las respuestas varían enormemente según la edad (los jóvenes tienden a tener un menor ingreso y patrimonio), el entorno de cada persona y los hábitos y costumbres individuales.

La gran utilidad de estas hojas de trabajo es que permiten poner sobre la mesa tu situación financiera y encontrar el *emoji* que describe tu situación.

| **Con todo** | **Más o menos** | **Una bomba de tiempo** |
|---|---|---|
| Lo que estás haciendo bien y debes continuar haciendo | Lo que has postergado o en lo que no te has enfocado y debes empezar a perfeccionar | Lo que estás haciendo mal o no has empezado a hacer y debes cambiar o empezar a hacer |

## Califícate a ti mismo

Con las hojas de trabajo en mano, ve los números y contesta (a ti) las siguientes preguntas:

## Hoja de trabajo 1. ¿Cuánto gano?

**Pregunta 1** ¿Estoy maximizando mis fuentes de ingresos? ¿Podría ganar más dinero?

**Cómo responderla.** Ve la cifra total de ingresos y pregúntate si podrías tener diferentes ingresos o mejores ingresos en tus ocupaciones actuales.

|  |  |
|---|---|
| | *Estoy aprovechando al máximo mi potencial de trabajo; tengo el trabajo mejor pagado posible y con mayores posibilidades de crecimiento futuro, al igual que mi pareja.* Felicidades, continúa esforzándote para seguir sacando día con día el máximo jugo (en pesos y centavos) a tu trabajo. |
| | *Jamás me he cuestionado si tengo o no posibilidades de ganar más.* |
| | *Me estoy quedando corto; mi trabajo no rinde los frutos que debería.* Si crees que tu desempeño en el mercado laboral está frenado, empieza a cambiar: trabaja más horas, pide un aumento de sueldo, busca un empleo mejor remunerado o consigue un trabajo secundario, ya sea como empleado o emprendiendo un negocio. |

**Pregunta 2** ¿Mis ingresos dependen de mi trabajo o de la voluntad de otros?

**Cómo responderla.** ¿Qué porcentaje de tus ingresos dependen de tu trabajo o del de tu pareja o de tus inversiones *vs.* lo que depende de las aportaciones de otras personas?

| | |
|---|---|
| 🔥 | **La mayor parte de mis ingresos proviene de mi trabajo y/o el trabajo de mi pareja.** Depender principalmente de tu trabajo te permite tener un mayor control sobre tu vida financiera; procura seguir así. |
| 😐 | *No sé cuál es la fuente principal de mis ingresos.* |
| 💣 | **La mayor parte de mis ingresos viene de dádivas o préstamos que me hacen otras personas.** No deseches la ayuda que obtienes de terceros, pero busca incrementar los ingresos que obtienes por tu propio trabajo. |

**Pregunta 3** ¿Qué parte de mis ingresos mensuales son seguros?

**Cómo responderla.** ¿Qué porcentaje de tus ingresos son fijos y qué porcentaje son variables?

| | |
|---|---|
| 🔥 | **La mayor parte de mis ingresos proviene de fuentes seguras de trabajo; cuento con ellos mes con mes.** Continúa fortaleciendo tus fuentes seguras de ingresos, a la vez que buscas opciones para incrementar tus ingresos variables (un segundo empleo, por ejemplo). |
| 😐 | *No tengo la certeza de cuándo recibiré mis ingresos.* |

*La mayor parte de mis ingresos proviene de fuentes de trabajo que no son seguras y que pueden variar fuertemente mes con mes (trabajos eventuales, intereses de mis inversiones, préstamos, etcétera).*
Procura buscar mayores oportunidades de trabajo que te brinden ingresos con los que puedas contar de manera segura mes con mes.

## Hoja de trabajo 2. ¿Cuánto valgo?

### Pregunta 4 ¿Mi patrimonio es positivo o negativo?

**Cómo responderla.** ¿Cuáles son mayores, tus activos o tus pasivos?

| | |
|---|---|
| | *Mis activos son mayores que mis deudas, por lo que el valor de mi patrimonio es positivo.* Si tu patrimonio ya es positivo, busca reforzarlo disminuyendo la cantidad de lo que debes y/o invirtiendo más. |
| | *No puedo calcular el valor de mi patrimonio, o mis activos y mis deudas son iguales.* |
| | *Mis deudas son mayores que mis activos, por lo que el valor de mi patrimonio es negativo.* La solución está al alcance de tu mano: busca disminuir tus deudas e incrementar tus inversiones. |

### Pregunta 5 ¿He acumulado lo suficiente?

**Cómo responderla.** Aplica esta sencilla fórmula* para saber si tu patrimonio es adecuado a tu edad y a lo que ganas: valor patrimonial = (edad x ingreso anual) / 10

*Las fórmulas financieras no son ley, son una simple guía.

El valor de mi patrimonio es igual o mayor a la fórmula anterior. He acumulado lo suficiente a lo largo de mi vida.
Aun cuando hayas acumulado un patrimonio adecuado a tu edad, busca seguir incrementando tu riqueza por medio del ahorro y la prudencia con las deudas.

No puedo calcular el valor de mi patrimonio.

El valor de mi patrimonio es significativamente menor a la fórmula anterior. No he acumulado lo suficiente en los años que llevo de vida.
Ponte al día. Empieza a ahorrar y a invertir, a la vez que reduces la cantidad de tus deudas

**Pregunta 6** ¿Generan valor mis activos?

**Cómo responderla.** ¿Tus activos generan intereses o pueden subir de valor?

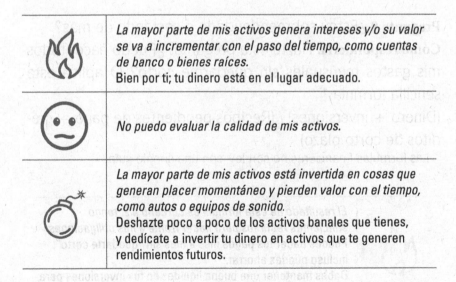

La mayor parte de mis activos genera intereses y/o su valor se va a incrementar con el paso del tiempo, como cuentas de banco o bienes raíces.
Bien por ti; tu dinero está en el lugar adecuado.

No puedo evaluar la calidad de mis activos.

La mayor parte de mis activos está invertida en cosas que generan placer momentáneo y pierden valor con el tiempo, como autos o equipos de sonido.
Deshazte poco a poco de los activos banales que tienes, y dedícate a invertir tu dinero en activos que te generen rendimientos futuros.

**Pregunta 7** ¿Qué tan "sana" es mi deuda?

**Cómo responderla.** ¿Qué tipo de deudas tienes? ¿Para qué pediste dinero prestado? ¿Cuándo las tienes que pagar?

| | |
|---|---|
| 🔥 | *La mayor parte de mi deuda es en instrumentos de largo plazo o las usé para adquirir cosas que generan valor, como préstamos hipotecarios o créditos educativos.* Aun cuando la mayor parte de tus deudas sea de largo plazo, debes mantener una organización financiera correcta para poderlas pagar a tiempo. |
| 😕 | *No sé cuándo tengo que pagar mis deudas.* |
| 💣 | *La mayor parte de mi deuda es de corto plazo, o sea, la tengo que pagar por completo en menos de un año, como tarjetas de crédito, préstamos personales y empeños.* Es tiempo de empezar a pagar; evita pedir créditos nuevos, sobre todo si estos son de corto plazo. |

**Pregunta 8** ¿Estoy sobreendeudado o gastando de más?

**Cómo responderla.** Hazte esta pregunta: ¿Puedo hacer todos mis gastos mensuales sin quedarme corto? O aplica esta sencilla fórmula:\*

(Dinero + inversiones) / (Recibos pendientes de pago + créditos de corto plazo).

\* Las fórmulas financieras no son ley, son una simple guía.

| | |
|---|---|
|  | *El resultado de esta fórmula es cercano a 2: tengo suficientes recursos para hacer frente a mis obligaciones.* Puedes hacer tus pagos mes a mes sin "quedarte corto", incluso puedes ahorrar. Debes mantener una buena liquidez en tus inversiones para poder hacer frente a tus deudas y emergencias. |

*¿Liquidez? Ni idea... ¿Con qué se come?*

 *El resultado es igual o menor a 1; no tengo los recursos necesarios para hacer frente a mis obligaciones.*
¿No puedes hacer tus pagos mes a mes sin "quedarte corto" y recurrir a más deuda o a malabares? Debes organizar tus gastos para poder ahorrar más y tener los recursos que te permitan pagar tus deudas

## Hoja de trabajo 3. ¿Estoy preparado?

**Pregunta 9** ¿Cuán preparado estoy para enfrentar un revés o una crisis?

**Cómo responderla.** ¿Cuántos instrumentos de prevención tienes al día?

| | |
|---|---|
| 🔥 | *Soy previsor. Tengo en orden las armas financieras para enfrentar un revés de la vida y para hacerle frente al curso inevitable de los años.* Estar preparado es un regalo de tranquilidad para ti y tu familia; vigila que tus planes sean los adecuados, procurando ajustar tus seguros, testamentos e inversiones a tus necesidades conforme va cambiando el tiempo. |
| ☹ | *No me he puesto a pensar en el futuro.* |
| 💣 | *Soy malabarista. No tengo preparadas las armas para enfrentar el futuro; cuando se presente alguna eventualidad, veré cómo la resuelvo.* No dejes para mañana lo que *debes* hacer hoy. Nadie necesita un seguro o un testamento hasta que es demasiado tarde. ¡No caigas en este error! Empieza a planear hoy para poder vivir tranquilo. |

Con estos resultados en mano has dado el primer paso, *y quizás el más importante*, para organizar tu vida financiera y maximizar tu riqueza. Aun cuando todos los puntos de tu vida marchen por buen camino, es una excelente idea que sigas adelante e implementes un plan que mejore y fortalezca tus finanzas; más aún, si la mayor parte son bombas de tiempo, es indispensable que empieces a diseñar una estrategia para poder tomar el control de tu vida financiera, corregir tus errores poco a poco, y sacarle el máximo provecho a tu dinero.

Primer paso, listo. Ya sabes quién eres y dónde estás. Ahora, a hacer planes. La pregunta de los millonarios es... ¿adónde quieres llegar?

# Paso 2. ¿Hacia dónde voy? ¿Qué quiero? Visualizar para alcanzar

**Si no sabes** hacia adónde vas es imposible llegar. Así de simple.

Si no sabes qué es exactamente lo que quieres conseguir con tu dinero, jamás lo vas a poder alcanzar. Hacer un plan financiero "solo porque sí" o "para ver qué es lo que se ofrece en el futuro" es una pérdida de tiempo. Los seres humanos necesitamos conocer el premio para poder hacer el esfuerzo; si no tenemos la meta en mente, perdemos rápidamente el interés y las ganas de seguir en el camino.

Una vez que sabes cuál es tu situación financiera presente (ver Paso 1), el siguiente paso es hacer una lista con objetivos claros y concisos de lo que quieres lograr en el futuro.

La gran mayoría de nosotros no busca riqueza para contar monedas o para atesorarla o para decir que tiene una cantidad x de dinero en el banco, sino para poder cumplir sueños, alcanzar metas, e incluso satisfacer caprichos, ya sea para nosotros o para nuestros seres queridos.

Ahora, aunque parezca muy fácil hacer una lista de objetivos financieros (¿quién de nosotros no tiene mil de ellos en mente?), para que esta sea útil debe ser SMART, no solo porque debe ser inteligente, como su nombre lo indica, sino porque debe ser:

E **S** pecífica
**M** edible
**A** lcanzable
**R** elevante
**T** emporal

**Específica:** *Aterriza lo que quieres.* Procura que todas tus metas estén expresadas en bienes tangibles (comprar una casa, ir de viaje a Europa), y no en función de cifras (quiero ahorrar un millón de pesos). Tener sueños concretos en mente otorga una mayor motivación para alcanzarlos.

**Medible.** *Sé claro con lo que quieres.* Aun cuando puedas pensar en cientos de cosas que quieres alcanzar con tu dinero, no apuntes a más de diez metas concretas. Es mejor tener *pocas metas* que poco a poco se vuelvan realidad, que muchas que se queden en el tintero. Conforme pase el tiempo y tus metas se vayan cumpliendo, sustitúyelas por otras nuevas; así tendrás el compromiso permanente de mantener tus finanzas en orden.

**Alcanzable.** *Sé realista.* Si hoy tus ahorros son cercanos a cero, es muy difícil que en tres meses tengas el dinero suficiente para comprar una casa al contado. Es mejor tener objetivos aterrizados y factibles, que muchos sueños que sean imposible de hacer realidad. No es cuestión de no tener tesón o ambición, es cuestión de tener los pies bien anclados en la tierra para de ahí tomar el impulso para poder volar.

**Relevante.** *Para tu vida, para tus gustos.* No hay metas vanas. Por más que tu lista debe incluir cosas serias y cabales como "un retiro digno" o "universidad para mis hijos", no tiene nada de malo incluir algunos objetivos de puro placer, como comprar un auto o realizar un viaje. Con el paso del tiempo algunas metas se van a cumplir y otras van a perder importancia, por lo que debes revisar y cambiar tu lista para mantenerla vigente.

**Temporal.** *Establece metas de corto, mediano y largo plazo.* Las primeras, para ser cumplidas en menos de un año; las segundas, entre uno y cinco años, y las terceras, en más de cinco años. Tener objetivos con diferentes fechas de realización te permite ver resultados rápidamente, lo que ayuda a mantener la motivación.

No hay metas demasiado lejanas; el tiempo pasa más rápido de lo que parece. Aun cuando veas a tus hijos demasiado pequeños para pensar en la universidad, los vas a ver con toga y birrete en un abrir y cerrar de ojos.

*Nunca es demasiado temprano para empezar a planear.*

## Hoja de trabajo 4. Mis metas

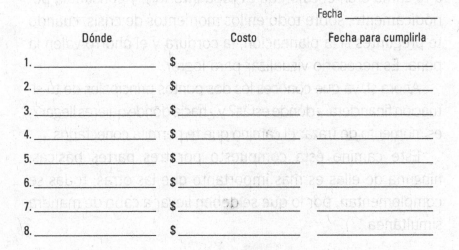

Fecha _____

| Dónde | Costo | Fecha para cumplirla |
|---|---|---|
| 1. _____ | $_____ | _____ |
| 2. _____ | $_____ | _____ |
| 3. _____ | $_____ | _____ |
| 4. _____ | $_____ | _____ |
| 5. _____ | $_____ | _____ |
| 6. _____ | $_____ | _____ |
| 7. _____ | $_____ | _____ |
| 8. _____ | $_____ | _____ |

## Algunas metas comunes

| Corto plazo (menos de 1 año) | Mediano plazo (1 a 10 años) | Largo plazo (más de 10 años) |
| --- | --- | --- |
| Pagar mis deudas | Universidad para los hijos mayores | Retiro digno |
| Continuar mis estudios | Comprar una casa | Universidad para hijos pequeños |
| Realizar un viaje | Independizarme profesionalmente | Heredar a mis hijos en vida |
| Comprar un automóvil | Pagar una boda (propia o de un hijo) | |
| Remodelar la casa | Ayudar a padres jubilados | |
| Invertir en un negocio | | |
| Otra compra mayor | | |

Guarda tu lista en un lugar de fácil acceso (en el buró junto a tu cama o en el cajón de tu ropa interior), y consúltala periódicamente, sobre todo en los momentos de crisis, cuando te preguntes si la planeación, la cordura y el ahorro valen la pena. Es necesario visualizar para lograr.

Ahora sí, ya que conoces los dos puntos principales de tu situación financiera: ¿dónde estás? y ¿hacia dónde quieres llegar?, es momento de trazar el camino que te permita conectarlos.

Este camino está compuesto por tres partes básicas, ninguna de ellas es más importante que las otras; todas se complementan, por lo que se deben llevar a cabo de manera simultánea.

- $ Ahorro.
- $ Manejo de deudas.
- $ Protección (seguros, cuenta de emergencia y testamentos).

Estas partes no solo se complementan sino que dependen necesariamente la una de la otra: o funcionan todas o todas se descomponen. O es un círculo vicioso o un círculo virtuoso.

El lado oscuro de la moneda (valga la metáfora) es que si no ahorras lo suficiente, muy probablemente no tengas la estabilidad y las armas de protección financiera que requieres, por lo que todas tus decisiones —en momentos de paz y en momentos de crisis—, son, en el mejor de los casos, poco óptimas, y en el peor, apresuradas, erróneas y paliativas (como poner una curita en una hemorragia), muchas veces recurriendo a endeudarte (o a endeudarte aún más). Esto hace que no concretes tus objetivos, que te entre la desesperación y que te preguntes: "¿Para qué chingaos estoy haciendo todo esto?".

Por el otro lado, si tienes ahorros, todas las decisiones que tomes, sea cual sea la situación, pueden ser mucho más meditadas y tomadas con calma y/o haciendo uso de los mecanismos de protección financiera, lo que incrementa la posibilidad de que sean exitosas y evita adquirir deudas innecesarias. Esto hace que alcances tus metas y veas el fruto real de tu esfuerzo, lo que te incentivará a seguir construyendo y planeando.

Primer paso: palomita.

Segundo paso: palomita.

Momento de empezar a trazar la ruta entre lo que soy y lo que quiero. Siempre el camino recto es el más corto.

List@ para empezar?

¡Manos a la obra!

# Paso 3. Calculando la ruta. ¿Cómo lo voy a conseguir?

AHORRO, MANEJO DE deudas, protección.
Ahorro, manejo de deudas, protección.
Ahorro, manejo de deudas, protección.
Ahorro, manejo de deudas, protección.
Ahorro, manejo de deudas, protección.
Ahorro, manejo de deudas, protección.
Ahorro, manejo de deudas, protección.
Repítelo hasta el cansancio.

## Ahorro: Hoy, hoy, hoy

La diferencia entre caer en el primer círculo o prosperar en el segundo se resume en una palabra: *ahorro*. El concepto más simple pero menos sencillo de la vida financiera.

Determinar lo que puedes ahorrar es una fórmula simple. Para calcularlo no se necesitan raíces cuadradas ni integrales:

### Ahorro = Lo que gano − Lo que gasto

Por lo que, para poder ahorrar más, hay solamente dos alternativas: ganar más (y seguir gastando lo mismo) o gastar menos.

El primer camino, ganar más dinero, no está enteramente en nuestras manos. Cierto, nosotros somos los que ponemos el empeño y determinamos a qué nos vamos a dedicar, pero la remuneración o resultados que obtenemos por el trabajo generalmente depende de factores fuera de nuestro control (como políticas de la empresa, disponibilidad de trabajo, éxito de un emprendimiento, etcétera).

Por el contrario, la segunda parte de la ecuación, el gasto, es algo que nosotros controlamos al cien por ciento con cada decisión de abrir la cartera, hacer un pago electrónico o firmar un *voucher* de la tarjeta de crédito.

*¡¿Gastar menos?! Pero si vivo al día, todo el dinero que gano sale tan pronto como entra ¡¿De dónde voy a sacar el dinero para guardar?!*

La verdad es que *todos* podemos encontrar la manera de ahorrar un poco, o un poco más. Lo más irónico es que la mayor parte de nosotros *no ahorra, o no ahorra la cantidad que debería, no por exceso de gastos sino por la falta de control que tiene sobre ellos*.

Así que el primer paso para empezar a ahorrar no tiene que ver con cantidades (eso lo veremos más adelante) sino con esquemas mentales que tenemos mal aprendidos, oxidados o mal entendidos. Empecemos por desempolvarlos:

---

### Lo que no entendemos que no entendemos del ahorro

#### 1ª clave. El ahorro no se hace por gusto, sino por necesidad

A nadie le gusta ahorrar. Qué mejor sería poder gastar hasta el último centavo que tenemos en la cartera, pero esta no es una decisión inteligente. No nos percatamos de la importancia del ahorro hasta que es demasiado tarde, hasta que enfrentamos una emergencia o la necesidad de solventar un gran gasto (la universidad de los hijos, el retiro o, incluso, las ganas de hacer un viaje), y entonces lamentamos no haber hecho caso a los sermones de libros como este, que enfatizan la importancia de ser previsores.

### 2ª clave. El ahorro no puede ser de "lo que sobre"

En un mundo en donde existen tantas obligaciones y necesidades, ahorrar es una de las últimas cosas que tenemos en mente; queda siempre postergado al "y si me sobra". El problema es que entre los gastos cotidianos, las deudas y los pequeños lujos que nos damos, obviamente nunca sobra nada para guardar. El ahorro debe ser una de tus prioridades; si es posible, lo primero que debes hacer cada vez que recibes tu sueldo o ingresos es descontar una cantidad y depositarla automáticamente en tu cuenta de ahorro o inversión.

### 3ª clave. Distingue entre necesidades y necedades

Vivimos en un mundo de "necesidades creadas". Ayer no sabías que existía un producto y jamás lo habías necesitado, y hoy, después de ser bombardeado por la publicidad en medios, por amigos y en redes sociales tienes la impresión de que no puedes vivir sin él. Antes de hacer cualquier compra pregúntate si es algo que realmente necesitas. Si no, guarda el dinero.

### 4ª clave. La diferencia está en los detalles

Todos vivimos conscientes de los gastos grandes que hacemos cada mes, como la renta, las colegiaturas y los pagos de la hipoteca; pero somos ciegos ante lo que gastamos en "pequeñeces", como comidas en restaurantes o dulces y cigarros. Las más grandes fugas de dinero no se expresan en miles de pesos sino en centavos. Para poder ahorrar hay que cuidar todos los gastos, no importa su tamaño.

*¿Mente despejada? Ahora sí, empecemos a hablar de cantidades y formas de ahorrar.*

## Cómo ahorrar si nunca lo has hecho y te choca hacerlo

⑤ **Empieza poco a poco.** Dice la teoría financiera que lo ideal es ahorrar entre 10 y 15% de tus ingresos netos mensuales (después de haber pagado impuestos), pero para quien nunca ha ahorrado ni un peso, pretender hacer esto sería como correr un maratón sin saber caminar. Planea en un principio metas pequeñas de ahorro mensual, y conforme te vayas acostumbrando a cumplirlas, auméntalas.

⑤ **Poco hace mucha diferencia.** Ahorrar tan solo $20 pesos diarios se traduce en una inversión de $100,000 en diez años. Las cantidades que puedes despreciar —y omitir ahorrar— porque suenan insignificantes se acumulan para convertirse en pequeñas fortunas. Todo peso que puedas ahorrar es importante.

⑤ **Crea una costumbre.** Aun cuando haya meses en los que enfrentes gastos extraordinarios y no puedas ahorrar la cantidad que tienes como meta, no dejes de ahorrar aunque sea una pequeña suma. Hacer del ahorro un hábito, independientemente del monto, ayuda a que lo conviertas en un compromiso de largo plazo.

La mejor manera para empezar a ahorrar es con un (¡glup!) presupuesto.

# Con "p"... de presupuesto

No hay arma más importante para las finanzas personales, y sin embargo, la simple palabra "presupuesto" nos hace pensar en límites y prohibiciones ¡Seamos honestos!, quién quiere vivir así. Suficiente trabajo toma ganar el dinero como para no poder disfrutarlo. Es precisamente la mala fama que tiene, su imagen de "vida sin placeres" y de "esfuerzo desmedido con pocos beneficios", lo que hace que lo rehuyamos. Sin embargo, un presupuesto no debe ser visto como una lista de "límites" *(¡no puedes gastar en diversión ni en viajes ni en lujos!)*, sino como una guía para elegir entre las diferentes alternativas que existen una manera de combinar gastos obligatorios con placeres, y las necesidades presentes con las futuras. Un presupuesto no es un esquema que te va a limitar, sino un plan que simplemente va a ordenar tus gastos de acuerdo con su prioridad, para poder alcanzar tus metas financieras de mediano y largo plazo.

Para que funcione, un presupuesto debe ser: *flexible*: la vida real está llena de imprevistos; basado en la *realidad individual* de cada persona, sus gustos y necesidades, y dar cabida a *pequeños lujos* y espacios para disfrutar.

> Ahora, lo único peor que no tener un presupuesto es tener un presupuesto mal hecho, que no se adapte a tus necesidades y gustos y características personales. Es como usar los zapatos de otra persona. Un presupuesto que no está hecho a tu medida te saca callos y ampollas y lo más fácil es dejarlo de usar.

## Cómo hacer un presupuesto que funcione, paso a paso

### Paso 1. ¿Cuánto y en dónde gasto?

Durante un mes apunta en un cuadernito o en las notas de tu teléfono celular TODOS tus gastos.

Cada peso que saques de tu cartera, cada pago electrónico que hagas, cada cheque que extiendas y cada *voucher* que firmes. No importa que empieces el día 15 o 20 del mes siempre y cuando lleves el registro durante treinta días completos. (Procura no llevar este registro durante diciembre, mes en el que generalmente se sesgan demasiado los gastos). Registra *todo, absolutamente todo* lo que gastas; desde el pago de la renta o la mensualidad de un crédito hipotecario hasta los chicles que compras en el estanquillo de la esquina o los pesos que das a quien pide limosna en la calle. Apunta:

- 💲 El monto: ¿Cuánto gasto?
- 💲 El objetivo: ¿En qué gasté?
- 💲 El medio: ¿Cómo hice el pago? (Efectivo, pago electrónico, tarjeta de crédito, etcétera).

Para evitar omitir algún gasto, lo mejor es no esperar al final del día, sino apuntar cada gasto en el instante en el que lo realices; los primeros días esto te puede costar un poco de trabajo, pero en poco tiempo se volverá algo automático.

No olvides registrar también los cobros que se hagan automáticamente a tu tarjeta de crédito o a tus cuentas bancarias, como pago de celular o de servicios de televisión por demanda.

Al terminar los treinta días —una vez que tengas todos los gastos registrados—, tómate un par de horas y siéntate a hacer cuentas.

Primero, haz una lista adicional de todos los gastos. Separa y suma cada uno en diferentes categorías; por ejemplo, agrupa todas las compras del supermercado, los gastos de los niños y las salidas a los restaurantes en diferentes renglones.

Utiliza la **Hoja de trabajo 5** para determinar las diferentes categorías que existen (esta lista es solo una idea general; ajusta las categorías a tus gastos y necesidades particulares). Saca el porcentaje que cada categoría representa de tus gastos totales. Después, anota los gastos eventuales y no mensuales para incluir también todos los gastos adicionales que enfrentas a lo largo del año. Si no tienes la cantidad exacta de algún gasto, apunta un estimado, cuidando de que sea lo más exacto posible.

No olvides anotar también los gastos NO mensuales que realizas (una vez al año, como los seguros o las inscripciones escolares).

## HOJA DE TRABAJO 5. ¿Cuánto gasto?

Fecha _____

| Dónde | Cantidad |
|---|---|
| **GASTOS MENSUALES** | |
| **CASA** | |
| Renta | $_____ |
| Pago de hipoteca | $_____ |
| Mantenimiento | $_____ |
| Gas | $_____ |
| Luz | $_____ |
| Teléfono | $_____ |
| TV por Cable/servicios de TV | $_____ |

Acceso a Internet                    $ _____
Servicio doméstico                   $ _____
Otros gastos de la casa              $ _____
**Total gastos de casa**                             $ _____

## ALIMENTOS

Supermercado                         $ _____
Mercado                              $ _____
Carnicería                           $ _____
Pollería                             $ _____
Pescadería                           $ _____
Otros gastos de alimentos            $ _____
**Total gastos de alimentos**                        $ _____

## TRANSPORTE

Pago de créditos de automóviles      $ _____
Gasolina                             $ _____
Transporte público                   $ _____
Estacionamientos y *Valet parking*   $ _____
Cuotas de carreteras                 $ _____
Otros gastos de transporte           $ _____
**Total gastos de transporte**                       $ _____

## HIJOS

Colegiatura                          $ _____
Cuidado de niños                     $ _____
Clases particulares                  $ _____
Ropa                                 $ _____
Útiles                               $ _____
Gastos médicos/dentales/medicinas    $ _____
Terapias                             $ _____
Otros gastos de los hijos            $ _____
**Total gastos de hijos**                            $ _____

## GASTOS PERSONALES (POR CADA ADULTO)

Salud y belleza $ _____

Celular $ _____

Ropa $ _____

Tintorería y arreglos de ropa $ _____

Gastos médicos recurrentes $ _____

Educación $ _____

Libros y revistas $ _____

Otros gastos personales $ _____

**Total gastos personales** $ _____

## DIVERSIÓN Y ENTRETENIMIENTO

Comidas en restaurantes $ _____

Salidas con los niños $ _____

Salidas al cine $ _____

Salidas nocturnas $ _____

Otros gastos de entretenimiento $ _____

**Total gastos entretenimiento** $ _____

## REGALOS

Regalos en efectivo $ _____

Regalos comprados $ _____

Otros regalos $ _____

Donativos $ _____

**Total gastos regalos** $ _____

## GASTOS "CENTAVEROS"

Propinas $ _____

Dulces y golosinas $ _____

Cigarros $ _____

Cafés y bocadillos $ _____

Otros gastos centaveros $ _____

**Total gastos centaveros** $ _____

## GASTOS FINANCIEROS

Intereses de la tarjeta de crédito    $ _____

Intereses de otros créditos    $ _____

**Total gastos financieros**          $ _____

**TOTAL GASTOS MENSUALES**       $ _____

## GASTOS NO MENSUALES/EVENTUALES

| | Cantidad | Equivalente mensual* |
|---|---|---|
| Predial | $ _____ | $ _____ |
| Tenencia de automóviles | $ _____ | $ _____ |
| Verificación de los automóviles | $ _____ | $ _____ |
| Primas de seguros | $ _____ | $ _____ |
| Inscripciones escolares y uniformes | $ _____ | $ _____ |
| Suscripciones a periódicos | $ _____ | $ _____ |
| Anualidades de clubes deportivos | $ _____ | $ _____ |
| Suscripciones a periódicos | $ _____ | $ _____ |
| Otros gastos no mensuales | $ _____ | $ _____ |
| Compra de enseres domésticos | $ _____ | $ _____ |
| Reparaciones del hogar | $ _____ | $ _____ |
| Reparación de automóviles | $ _____ | $ _____ |
| Gastos médicos extraordinarios | $ _____ | $ _____ |
| Vacaciones | $ _____ | $ _____ |
| Préstamos a familiares o amigos | $ _____ | $ _____ |

**TOTAL GASTOS NO MENSUALES/EVENTUALES**     $ _____

*Convierte todos los pagos en su equivalente mensual:

Si haces el pago bimestral … divídelo entre dos

Si haces el pago trimestral … divídelo entre tres

Si haces el pago semestral … divídelo entre seis

Si haces el pago anual … divídelo entre 12

## PONLOS EN PERSPECTIVA: QUÉ PORCENTAJE DE TU INGRESO REPRESENTAN

| | | % de tu ingreso total (Total de cada gasto/ingreso total) x 100 |
|---|---|---|
| Total gastos casa | $_____ | _____% |
| Total gastos alimentos | $_____ | _____% |
| Total gastos transporte | $_____ | _____% |
| Total gastos hijos | $_____ | _____% |
| Total gastos adultos | $_____ | _____% |
| Total gastos entretenimiento | $_____ | _____% |
| Total gastos regalos | $_____ | _____% |
| Total gastos "centaveros" | $_____ | _____% |
| Total gastos financieros | $_____ | _____% |
| Total gastos no mensuales/ eventuales | $_____ | _____% |
| TOTAL | $_____ | 100% |

## ¿En dónde recortar?

Ahora viene la parte difícil: tomar unas tijeras mentales y hacer un análisis de conciencia para decidir en dónde puedes y quieres recortar tus gastos.

No existen reglas universales sobre cuánto es lo que debes asignar a cada tipo de gasto; mucho depende de tu situación, de tus necesidades, y también de tus gustos. Una persona casada con hijos, por ejemplo, va a enfrentar un mayor número de gastos "obligatorios" (como colegiaturas, gastos médicos y eventuales) que un adulto soltero, quien probablemente pueda destinar una mayor proporción de sus ingresos a gastos de diversión.

No se trata de vivir como "monje" y eliminar todos los gustos de la vida, pero con tres o cuatro pequeños cambios (ve la sección siguiente para tener algunas ideas de dónde recortar) puedes hacer una marcada diferencia.

El siguiente es un ejemplo de cómo repartir tu ingreso en porcentajes:

| | Si no tienes hijos y estás endeudado | Si tienes hijos y estás endeudado | Si no tienes hijos y no estás endeudado | Si tienes hijos y no estás endeudado |
|---|---|---|---|---|
| Casa | 25% | 25% | 25% | 25% |
| Alimentos | 10% | 10% | 10% | 10% |
| Transporte | 5% | 5% | 5% | 5% |
| Hijos | 0% | 15% | 0% | 15% |
| Gastos personales de los adultos | 10% | 5-10% | 10-15% | 5-10% |
| Diversión, entretenimiento y regalos | 15% | 5-10% | 15% | 10% |
| Gastos "centaveros" | 5% | 5% | 5% | 5% |
| Eventuales | 10% | 10% | 10% | 10% |
| Pago de deudas | 15% | 10% | 0% | 0% |
| Ahorro | 5% | 5% | 15% | 10% |

Utiliza la **Hoja de trabajo 6** para diseñar tus propios porcentajes. No importa cómo los distribuyas, siempre y cuando tomes en cuenta lo siguiente:

- 💲 **No hagas promesas imposibles de cumplir**. Existe un límite real de los recortes que puedes hacer en cada categoría. En vez de hacer cambios drásticos en una sola categoría (por ejemplo, renunciar definitivamente a los restaurantes), busca hacer ajustes más pequeños en todas (disminuir un poco los gastos personales, un poco los gastos de los niños, etcétera).

- Ⓢ **Privilegia el ahorro**: Procura que sea el equivalente al 10% de tu ingreso, pero si no lo puedes hacer, busca presupuestar aunque sea una pequeña cantidad.

- Ⓢ **Presupuesta** también una cantidad para saldar tus deudas.

- Ⓢ Por más ridículo que suene, vale la pena repetirlo pues es el error más común al hacer un presupuesto: **el total de tus gastos y ahorro debe sumar el 100% de tu ingreso**, no 110% ni 103% ni 101%. No puedes presupuestar gastar más de lo que ganas.

- Ⓢ **Recuerda dejar un pequeño fondo de contingencia** cada mes para enfrentar los gastos eventuales o sorpresivos que puedes enfrentar.

- Ⓢ **Para poder solventar los gastos fuertes que no tienen periodicidad mensual**, retira y deposita la cantidad mensual equivalente para ir juntando los pagos que tienes que realizar de manera bimestral, semestral o anual; o programa pagarlos (o ahorrar para ello) los meses que tengas ingresos adicionales como bonos, regalos o reparto de utilidades.

# HOJA DE TRABAJO 6
## Mi nuevo plan de gasto

Fecha: _____

| | Porcentaje anterior | Porcentaje presupuestado | Nueva cantidad de gasto (Total de ingresos por porcentaje asignado) |
|---|---|---|---|
| **Casa** | % | % | $ |
| **Alimentos** | % | % | $ |
| **Transporte** | % | % | $ |
| **Hijos** | % | % | $ |
| **Gastos personales de los adultos** | % | % | $ |
| **Diversión, entretenimiento y regalos** | % | % | $ |
| **Gastos "centaveros"** | % | % | $ |
| **Eventuales** | % | % | $ |
| **Pago de deudas** | % | % | $ |
| **Porcentaje de pagos anuales** | % | % | $ |
| **Ahorro** | % | % | $ |

## Manos a la obra

Pon en práctica tu presupuesto.

Haz una lista de los cambios *concretos* que piensas hacer para poder traducir tu presupuesto de la teoría a la práctica, como, por ejemplo, reducir el número de veces a la semana en que comes en restaurantes. Recuerda que el que mucho abarca poco aprieta: es mejor establecer pocas metas realizables que una lista interminable de buenas intenciones imposibles de cumplir.

Aunque en un principio estos cambios te cuesten trabajo y debas poner mucha atención para no caer en conductas pasadas, poco a poco se volverán parte automática de tu forma de actuar.

## HOJA DE TRABAJO 7
### Acciones concretas

Fecha _____

Pasos que voy a tomar para poder ajustarme a mi presupuesto:

1. _____
2. _____
3. _____
4. _____
5. _____
6. _____
7. _____
8. _____
9. _____
10. _____

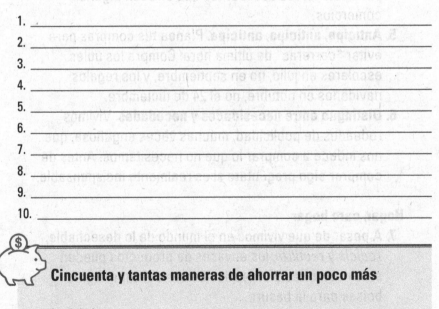

**Cincuenta y tantas maneras de ahorrar un poco más**

**Lo básico**
1. Muchas veces no ahorramos porque, simple y sencillamente, no tenemos en dónde hacerlo. Si tienes el dinero al alcance de tu mano, guardado en el cajón

de tu clóset o "debajo del colchón", es muy fácil que despilfarres, que te venza la tentación o que seas víctima de un robo. *Abre hoy mismo una cuenta de ahorro.*

2. Consigue que te **descuenten automáticamente una parte de tu nómina** y la depositen en tu cuenta de ahorros. Si tu empleador no puede realizar este trámite, tan pronto como recibas tu sueldo separa una pequeña cantidad y deposítala de inmediato; así evitarás tentaciones.

3. El ocio es la madre de todos los gastos, sobre todo de los innecesarios. **Mantente ocupado** en actividades que no impliquen gastar por "aburrimiento".

4. **Identifícate**. Saca tu credencial de estudiante, de la tercera edad, de la empresa en donde trabajas o de alguna organización a la que pertenezcas, y utilízala para obtener los descuentos que ofrecen algunos comercios.

5. **Anticipa, anticipa, anticipa.** Planea tus compras para evitar "carreras" de última hora. Compra los útiles escolares en julio, no en septiembre, y los regalos navideños en octubre, no el 24 de diciembre.

6. **Distingue entre necesidades y necedades**. Vivimos rodeados de publicidad, muchas veces engañosa, que nos induce a comprar lo que no necesitamos. Antes de comprar algo pregúntate si es realmente indispensable.

### Hogar, caro hogar

7. A pesar de que vivimos en el mundo de lo desechable, *recicla* y *reutiliza;* los envases de productos pueden servir como recipientes, las bolsas del súper como bolsas para la basura...

8. Procura **medir las cantidades** que utilizas; no es cuestión de volverte "codo", sino de evitar el derroche. Estamos acostumbrados a usar grandes cantidades de productos, generalmente innecesarias, que inducen al

desperdicio y a un mayor gasto. Procura utilizar la mitad de champú, pasta de dientes, detergente, etcétera, para hacerlos rendir más.

9. **Arregla los pequeños desperfectos** de tu casa antes de que se conviertan en problemas caros de resolver. Dar mantenimiento cada seis meses a los electrodomésticos (como el refrigerador y el congelador), aun cuando crees que no lo necesitan, previene problemas y alarga la vida de los aparatos. Gastar 300 pesos cada seis meses en mantenimiento preventivo es una bicoca si se compara con los miles de pesos que cuesta cambiar el motor o reponer un aparato descompuesto.

10. **Vuélvete hacendoso(a).** Aprende a cambiar focos, destapar cañerías y demás problemas caseros cotidianos para reducir las llamadas "de emergencia" (y consecuentemente, más caras) a plomeros, electricistas o mecánicos.

11. Nunca vayas al supermercado sin llevar **una lista de lo que necesitas**, así evitarás las compras por compulsión. Limita tus compras "de antojo" a dos o tres artículos extras o a una cantidad de dinero predeterminada. Otra posibilidad es realizar tus compras por teléfono o por *apps* en línea para apegarte lo más posible a lo que realmente debes comprar. Independientemente de cómo realices tus compras, no olvides comparar precios entre las diferentes marcas del mismo producto.

12. ¿Realmente necesitas guardar en la alacena cinco litros de aceite o tres tambos de detergente? Muchas veces **las compras al mayoreo** no implican ahorro sino desperdicio; compra en lote solo los productos que realmente lo ameriten. Aun en los momentos de las peores crisis, las compras de pánico son innecesarias.

13. No compres ningún artículo de más de 1,500 pesos sin **comparar el precio y las condiciones de venta** (garantía, servicio posventa) en, por lo menos, tres

lugares distintos. La diferencia te va a sorprender. Cuando consultes opiniones de los productos en los sitios de venta en línea, verifica que sean opiniones objetivas y confiables y no un arma "patrocinada" de venta.

14. Al comprar cualquier artículo electrodoméstico pregunta sobre las **condiciones de garantía;** vigila que te entreguen la póliza correspondiente y archívala para que, en caso de algún desperfecto, la puedas utilizar.

15. **Ojo con las promociones** del estilo "seis meses sin intereses" o "pequeñísimos pagos semanales". Antes de comprar cualquier producto calcula el precio final que vas a pagar; quizá te convenga esperar y pagarlo de contado.

16. Las **medidas de conservación ambiental** (apagar luces, cerrar la llave del agua, etcétera) son buenas para la naturaleza y para el bolsillo. Vigila también que tus sistemas funcionen perfectamente para evitar costosas fugas.

17. **Contrata planes de celular, Internet y TV por cable adecuados a tus necesidades.** ¿Pagas demasiados minutos extras en tu celular? Evalúa cambiar a un plan más amplio. ¿Ves los canales *Premium* de tu sistema de cable? Si no, cancélalos. ¿Tienes demasiados servicios de *streaming*? Analiza si necesitas todos.

**Tu automóvil**

18. **Limita el uso de tu automóvil.** Haz ronda con tus compañeros de oficina, camina u organiza tus viajes para realizar un mayor número de actividades en cada salida.

19. No saques tu coche a la calle si no está **asegurado**.

20. La mayor parte de los coches no necesita **gasolina** con un octanaje mayor a 87 (como Pemex Magna); no gastes en gasolinas *Premium*.

21. **No postergues** los servicios programados de mantenimiento. Así podrás evitar grandes descomposturas.

22. Encuentra a un **mecánico de confianza** y, en caso de dudas sobre su diagnóstico, siempre pide una segunda opinión.

23. Evita el *Valet parking*; estaciónate tú mismo.

24. Las apps de movilidad son una maravilla, pero la comodidad puede salir cara. Evalúa los mejores horarios para tomarlas y los diferentes tipos de servicio que ofrecen; elige el más barato.

## Compritas y comprotas

25. **Las baratas salen muy caras.** Antes de comprar atraído por frases como "En rebaja", "Descuentos," "Pague dos y llévese tres", evalúa si son artículos que realmente necesitas o son solamente compras de emoción.

26. **Las compras por Internet** son de rigor hoy en día, por lo que no dejes que la facilidad que implican te nuble el buen juicio de comprar cosas que no necesitas, que no son las adecuadas y/o cuya calidad o entrega puede ser dudosa. Siempre, siempre, siempre pregunta por las políticas de devolución.

27. **¡Resístete!** Por más tentador que sea, nunca compres un aparato electrónico o tecnológico al momento en que sale al mercado; mejor espérate dos o tres meses, plazo en el que su precio bajará significativamente. Lo mismo se puede decir de los autos, la ropa y el resto de los artículos "de temporada".

28. Un buen truco es **contar hasta 24.** Si ves algo que consideres "iiiiiiindispensable", no lo compres, espera 24 horas y dale vueltas en tu cabeza. Si al fin de ese plazo lo sigues considerando un gasto fundamental, adelante; si no, olvídalo.

29. Cuidado con los productos milagro o con los correos que te ofrecen ganar millonadas. En el mejor de los

casos son anuncios inocentes pero erróneos; en el peor, y más común, de los casos, son fraudes que atentan contra tu cartera o salud.

30. Las **compras en línea o por teléfono**. No porque sean fáciles de ordenar quiere decir que sean artículos que debas comprar. Recuerda también que no existen las "soluciones mágicas" que muchos de ellos ofrecen.

31. **No compres por compromiso**. Aprende a decir que no a los amigos que venden joyería, ropa o zapatos. Si te invitan a la demostración de algún producto y no tienes el autocontrol para evitar comprar, discúlpate con un simple "No, muchas gracias".

32. Opta por prendas clásicas que **no pasen de moda** en dos semanas; vigila que los materiales y hechura sean de calidad y considera el costo de su cuidado (¿Es una tela muy frágil que va a necesitar constantes reparaciones? ¿Será indispensable lavarla en tintorería?).

33. Verifica que todas las prendas que mandas a la **tintorería** no tengan la alternativa de lavado en casa.

**Bancos y seguros**

34. Los gastos inesperados pueden tumbar al mejor ahorrador. Ten al día **seguros adecuados** para todos los miembros de tu familia (ve la sección siguiente).

35. No te gastes los intereses, ¡**reinviértelos!**

36. ¿Sabías que por cada consulta de saldo al cajero automático puedes pagar hasta 40 pesos? Averigua el monto de las **cuotas que cobra tu banco** por los servicios que ofrece y minimiza el uso de los que no necesitas.

37. Nunca gires un **cheque sin fondos,** aun cuando tengas planeado cubrir el saldo "instantáneamente"; el costo de un cheque devuelto es demasiado alto. Lleva al día las cuentas de tu chequera para evitar sobregirarte por equivocación.

38. Vigila los costos de los traspasos y pagos electrónicos, así como las comisiones por los usos de las plataformas en línea.

39. Las tarjetas de crédito son **un lobo con piel de oveja**: A cambio de crédito y comodidad cobran altísimos intereses que pueden agujerar tu patrimonio. Procura utilizar las tarjetas simplemente por su comodidad, y en la medida de lo posible trata de pagar el total de la cuenta cada mes (hablaremos de esto un poco más adelante).

40. Si domicilias ciertos pagos de todos modos revisa las cuentas cada mes para evitar fraudes y para **tener conciencia** de lo que estás gastando.

41. Utiliza los programas de **"millas" o "usuario frecuente"** con cautela. Muchas veces estas promociones son ganchos para que consumas cosas innecesarias o a precios inflados.

42. No hay tal cosa como **un almuerzo gratis**. Las promociones —particularmente las telefónicas— que te ofrecen grandes premios son generalmente ganchos que te obligan a comprar productos que no necesitas, e incluso en algunos casos son fraudes. Antes de aceptar uno de estos "premios" averigua perfectamente en qué consiste.

**Buenos hábitos**

43. **¡Deja de fumar!** Por cada cajetilla que fumas al día gastas más de $20 000 pesos al año. Elimina o reduce la *adicción* a capuchinos helados, donas de media mañana y otros gastos "centaveros" que, mes a mes, se acumulan en grandes cantidades.

44. **¿Comes fuera de la oficina todos los días (o pides comida en línea a tu escritorio)?** Estas comidas pueden acumularse en más de $20 000 pesos al año. Planea llevar el almuerzo preparado desde tu casa por lo menos tres veces a la semana.

**45. No te bebas tus ahorros**. El consumo de bebidas alcohólicas es un lujo muy caro (en promedio una copa sale en $30 pesos y son pocos los que se pueden limitar solo a una). Deja el vino y los cocteles para ocasiones especiales. No bebas por moda. Si te gusta disfrutar de una buena copa, ya sea en casa o en un restaurante, pero no eres un experto conocedor, busca asesoría en tiendas especializadas en donde te pueden recomendar excelentes alternativas a menores precios; averigua en los restaurantes si puedes llevar tus propias botellas, pagando un precio de descorche.

**46. Limita el número de salidas** que haces a la semana **y elige ideas alternativas** (como paseos, días de campo, rentar una película para ver en casa) que no impliquen un gran desembolso. En el mundo de hoy hemos olvidado el placer y la diversión que nos dan las actividades sencillas ¡Redescúbrelas! Ir a pasear a un centro comercial es caro, innecesario y te abre los ojos para comprar cosas que no necesitas.

**47. Más vale prevenir que gastar de más.** Vigila tu salud y toma los pasos necesarios para prevenir enfermedades: buenos hábitos alimenticios, ejercicio, revisiones médicas anuales y medicina preventiva.

**48. Solicita por escrito** y archiva todos los reportes y evaluaciones médicas que te realices, como análisis de laboratorio, rayos X o pruebas psicológicas. Así evitarás tener que repetirlos en caso de pedir una segunda opinión o de requerir algún tratamiento subsiguiente.

**49. Planea tus vacaciones con anticipación**. Si te es posible viaja fuera de temporada; así podrás ahorrar hasta un 30% en el costo de hoteles y boletos de avión.

**50. Regala afecto, no lo compres**. Limita la cantidad de regalos que das y el monto que gastas en ellos. Una bonita tarjeta o un detalle personal pueden tener mayor impacto a un costo mucho menor.

51. ¿Estás inscrito al gimnasio y no vas? ¿Tienes suscripciones a revistas o sitios web que no lees? ¿Apps que pagaste una vez y no volviste a usar? Cancela todos los **servicios que no utilices** y evita renovaciones automáticas. Ojo con las apps del teléfono celular y los cobros que te hacen

52. Si te gustan los **juegos de azar o las apuestas** establece límites muy claros de lo que puedes gastar en ellos. Recuerda que estos juegos son una diversión, no una manera de hacerse rico.

53. **Los gastos navideños** pueden dar al traste con la cuidadosa planeación de todo un año. Antes de regalar fija un presupuesto de lo que vas a gastar; limita el número de regalos que das y busca alternativas, como intercambios u obsequios simbólicos que te permitan compartir con tus seres queridos sin agujerar tu cartera.

54. **Olvida tu aguinaldo**. Tan pronto como lo recibas, inviértelo. Por lo menos una gran parte.

## Pequeños gastadores

55. Enseña a tus hijos a ser conscientes con sus gastos. Mientras ellos sean tus **dependientes económicos,** el dinero que malgasten será en detrimento de todo el patrimonio familiar. Enséñales no solo a cuidar el dinero que gastan, sino también a no desperdiciar agua, luz, comida, útiles escolares y a cuidar su ropa.

56. Cuida el acceso que tienen los niños a **bajar juegos o aplicaciones en línea**.

57. Los niños viven **bombardeados por la publicidad**. Muchas veces, la primera palabra que aprenden a decir es "coca" o "papas" por los anuncios que oyen y ven. Platica con ellos desde pequeños acerca de cómo la publicidad los manipula; recálcales que no tienen que "querer comprar" todo lo que ven, y que muchas veces existe una diferencia entre lo que anuncian y la calidad real de los objetos.

**58.** Guarda la ropa, libros y juguetes de tus hijos mayores que se encuentren en buen estado y **"herédaselos"** a sus hermanos menores.

**59.** **Limita las chácharas**, dulces y regalitos que les compras a tus hijos para prevenir o resolver berrinches. Estos son una enorme fuga de dinero que no resuelven ningún problema Los berrinches solo se acrecientan cuando los tratas de calmar con "sobornos".

**Y para finalizar:**
Todos los días **revisa tus bolsillos** y guarda todas las monedas de denominación menor a 5 pesos en una alcancía. Cada mes deposítalas en el banco: las grandes cuentas se hacen paso a paso y peso a peso.

## Revisa y ajusta

Si después de estudiar tu presupuesto durante un par de meses te das cuenta de que este no funciona, ya sea que sobrepasas las cantidades asignadas antes de la mitad del mes o porque vives demasiado angustiado por los ajustes que tienes que realizar, revisa lo siguiente:

**1. Que el presupuesto esté bien hecho.** Verifica que tu registro de gastos, las sumas y porcentajes de tus cálculos originales sean correctos y completos. Olvidar contabilizar algún gasto o haber cometido errores en tus fórmulas puede darte resultados inexactos que te impidan diseñar un presupuesto real con el que puedas vivir.

**2. Que estés realmente convencido de su importancia.**
Ni el mejor y más perfecto presupuesto sirve si no estás convencido de su importancia y no haces los cambios pertinentes en tu manera de actuar para poder cumplirlo.

**3. Que no estés siendo demasiado duro contigo mismo.**
Esperar un cien por ciento de perfección desde el inicio es una trampa a la que se sucumbe fácilmente. Después de una vida de descontrol en el gasto es virtualmente imposible, de la noche a la mañana, apegarse a un presupuesto sin cometer ningún error. Acepta tus fallas y enfócate más en el perfeccionamiento que en la perfección: busca mes con mes lograr cumplir tu presupuesto de una mejor manera.

**4.** Que las **festividades o celebraciones**, sean religiosas, mexicanas o personales, no torturen tu presupuesto. Sé muy consciente de cuándo, a quiénes y cuánto regalar en esos momentos. Que te inunde la dicha y la felicidad no quiere decir que tienes que desechar tu plan financiero. Bien dice el dicho: regala afecto, no lo compres.

---

Listo con el plan de ahorro. El primer paso de tu nueva vida financiera. Este ahorro, después de meterlo al banco vas a tener que aprender a invertirlo. Eso lo vamos a ver un poco más adelante en la Parte 3 de este libro, *Perfecciona tu vida financiera*.

# Manejo de deuda. La delgada línea entre prosperar y estar sobreendeudado

Ahorro, manejo de deudas, protección.
　Ahorro, manejo de deudas, protección.
　Ahorro, manejo de deudas, protección.
　Ahorro, manejo de deudas, protección.
　Ahorro, manejo de deudas, protección.
　Ahorro, manejo de deudas, protección.
　Ahorro, manejo de deudas, protección.

Vamos con el siguiente paso.

El principal saboteador del ahorro y de las finanzas personales sanas son los créditos que obtenemos y las deudas que ocasionan; su mal manejo puede marcar la diferencia entre una vida financiera tranquila y productiva, en la que tu patrimonio vaya en aumento, y otra en la que te la pases haciendo malabares para cumplir con tus obligaciones, ocasionando que tu patrimonio se estanque, o incluso, si tienes que vender tus activos para pagar deudas, empiece a disminuir (por no hablar de los problemas de que te boletinen en el buró de crédito, e incluso legales, que puedes enfrentar).

Los instrumentos de crédito, ya sean tarjetas, préstamos en línea, préstamos sobre nómina, hipotecarios (o las decenas de tipos que existen) son la perfecta definición de la gloria y el infierno. La gloria al recibir el dinero, el infierno de tener que pagarlo, muchas veces sin haber hecho las cuentas necesarias de lo que nos van a costar (cuotas, comisiones e intereses), del desembolso y del tiempo que va a tomar pagarlos.

¿Las deudas son buenas o malas? Ni una ni la otra, depende del uso, de la cantidad y el tipo de deuda. Lo que es un hecho es que para la mayor parte de nosotros usar por lo menos un instrumento de crédito es inevitable.

Ese es el problema principal a la hora de hablar de deudas: es imposible generalizar y satanizar a todas por igual pues eso sería una solución impráctica e irreal (¡Todos los créditos son malos! ¡Evita pedir créditos a toda costa!). Utilizar crédito es una parte integral, y cada vez más común, de la vida moderna; su uso, cuando es moderado y conservador, nos puede ayudar a comprar cosas y a acceder a servicios necesarios que de otra manera quedarían fuera de nuestro alcance; su utilidad como medio de pago y para enfrentar gastos inesperados es innegable.

Pero el abuso de la deuda, el sobreendeudamiento, es lo que se convierte en un problema potencial para nuestras finanzas personales; lo más peligroso de todo es que pasar de "tener deudas manejables" a "¿Qué fregados hago? Ya no puedo dormir por la preocupación" puede ser en cuestión de días y sin darnos cuenta: aceptamos la oferta de una nueva tarjeta de crédito, compramos un par de cosas a seis meses sin intereses, necesitamos comprar un par de regalos, y de pronto estamos plagados de deudas sin saber cómo ni por dónde empezar a pagar.

Hay tres problemas principales que son los que ocasionan el salto cuántico entre deudas productivas y sobreendeudamiento.

El primero es el alto costo. Las deudas son caras, no solo en pesos y centavos (las tasas de interés que cobran son, en muchos casos, muy elevadas), sino también porque establecen patrones de comportamiento muy equivocados: *distorsionan el buen juicio financiero*, impidiendo distinguir entre lo que realmente se necesita y lo que es un simple capricho, y porque nos llevan a pensar, erróneamente, que "si lo puedo comprar, lo debo comprar", y porque *causan adic-ción*: al ser fácil conseguir crédito, no aprendemos a poner límites en nuestro nivel de consumo, sino que establecemos la dinámica de "entre más gasto, más necesito gastar".

La segunda es la *falta de organización*: no llevar un control de tus créditos y, por lo tanto, no saber cuánto debes, a quién, a qué costo (la tasa de interés) y cuándo tienes que hacer los pagos. Esta desorganización ocasiona un "endeudamiento inercial"; ante la ignorancia (¿o será que preferimos hacernos de la vista gorda y no saber a cuánto asciende el problema?) la deuda crece y crece sin control, como la proverbial bola de nieve que empieza como una piedra pequeñita y se convierte en una avalancha.

La tercera razón es la *falta de conciencia;* no saber cómo establecer límites ni distinguir qué préstamos (y de qué cantidad) debes pedir, y cuáles son los que debes evitar. Esta inconsciencia es, generalmente, resultado de errores aprendidos que no tienen que ver con finanzas sino con aspectos emocionales. No sabemos cómo *decir que no*, porque lo que nos promocionan los medios de comunicación, y lo que supuestamente vemos a nuestro alrededor es el mensaje de "poder es querer": Tener el crédito a mi alcance implica que es un producto que necesito y debo comprar.

## ¿Cómo ser un as en el manejo de la deudas en cuatro pasos?

1. Elige para qué sí y para qué *no* endeudarte.
2. Encuentra el mejor instrumento para hacerlo y el que te ofrezca el menor costo y/o las mejores condiciones.
3. Lleva una buena logística de administración y pago.
4. Si estás en problemas, resuelve YA.

### Paso 1. Los buenos *vs.* los malos

Lo más importante es empezar a distinguir entre los créditos buenos y los malos, entre por lo que sí y por lo que no vale la pena endeudarse. La pregunta obligada es: ¿Para qué voy a utilizar el crédito? ¿Es algo que realmente necesito o un simple capricho?

No hay respuestas universales para distinguir la validez de un crédito; lo que para alguien puede ser bueno para otra persona puede ser malo; está en ti evaluar si lo que vas a comprar es algo que realmente amerita los intereses que vas a pagar.

- $ **La deuda "buena"** es la que genera rendimientos de largo plazo, que no necesariamente tienen que estar contabilizados en pesos y centavos. Ejemplos de estos tipos de créditos son los que se utilizan para la educación (propia o de los hijos), y en gastos relacionados con la capacitación y mejoramiento, como la compra de una computadora o material de estudio, dinero para iniciar y/o hacer crecer un negocio, la hipoteca para comprar una casa, o créditos para comprar enseres domésticos que faciliten la vida de los habitantes del hogar.

- $ **La deuda "mala"** es la que otorga rendimientos de muy corto plazo sin dejar ninguna secuela importante para después y que, muy probablemente, en unos meses olvides por qué o para qué la adquiriste. En esta deuda se encuentran aquellos créditos que utilizas para comprar "lujos" o caprichos, o para reemplazar artículos solo porque están "pasados de moda". El que un crédito sea "malo" no implica que no debas hacer el gasto, sino que simplemente puedes evitar endeudarte. Sin embargo, un mismo crédito puede ser bueno o malo de acuerdo con su objetivo: no es lo mismo solicitar un préstamo para comprar tu primer auto que necesitas para facilitar tu trabajo o estudios (lo que se puede considerar un buen crédito), que pedirlo para comprar un auto solo porque el que tienes "ya no te gusta", pues en este último caso la deuda es redundante.

**Paso 2. Hay más tipos de créditos que estrellas en el cielo.**
Si decides que sí quieres pedir un crédito para comprar ESE producto que necesitas, el siguiente paso es definir cuál es el mejor tipo de crédito, y dentro de todos los que existen de ese tipo, cuál es el mejor en condiciones y costo. (En la Parte 3 revisamos más a fondo cada uno de estos créditos).

El tipo de crédito que tienes que pedir depende de lo que quieras comprar. Básicamente hay cinco tipos de créditos.

1. Los créditos hipotecarios, destinados a comprar o remodelar un bien inmueble. Generalmente son créditos de largo plazo (más de 10 años) que tienen condiciones particulares para proteger el valor de lo que estás comprando, así como para controlar el riesgo por ser de plazo tan largo.
2. Los créditos específicos que te prestan el dinero con un fin particular predeterminado y que solo puedes utilizar para ese fin. Por ejemplo, para comprar un auto, electrodomésticos o para hacerte una cirugía estética.
3. Los créditos para consumo que te prestan una cantidad de dinero sin tener predefinido para qué. Tú puedes definir para qué los vas a usar, ya sea un bien en particular, pago de deuda, viajes. Dentro de este tipo están los créditos sobre nómina, los préstamos personales y los préstamos en línea.
4. Y por último, los créditos revolventes, que ponen a tu disposición una cantidad de crédito y tú decides cuánto, cómo, cuándo y en qué utilizarlo, hasta llegar al total de la cantidad límite. Estos son las tarjetas de crédito.

5. Los créditos prendarios, o casas de empeño, el medio más antiguo de crédito, en donde dejar en garantía un bien a cambio de un préstamo de dinero. En el momento en que pagas recuperas tu bien. A pesar de que sus préstamos son muy costosos por el hecho de que ofrecen el dinero de manera inmediata, sin investigación de crédito, muchas veces esta es la única manera en que se puede conseguir un préstamo.

Estos créditos te los pueden ofrecer los bancos o instituciones financieras, empresas de crédito en línea, tiendas de servicios o departamentales, casas de empeño (de asistencia social o privadas), autofinanciadoras o emisores de tarjetas de crédito.

Una vez que decidas cuál es el tipo de crédito que necesitas, tienes que ponerte a estudiar y a hacer la tarea: analizar los pormenores de ese tipo de crédito y hacer un comparativo entre diferentes empresas que lo ofrezcan.

Ojo: quizá no todas las empresas te van a prestar, pero necesitas averiguar y tener por lo menos dos o tres alternativas para tomar una decisión lo más inteligente posible.

Recuerda que en las tarjetas de crédito, si le otorgas una tarjeta adicional a una persona cercana el responsable del pago eres tú, por lo que sé muy cauto de a quién se la das y establece los límites de crédito que puede usar.

Averigua los costos y beneficios que tiene cada tipo de crédito. Toma conciencia de las cuotas y comisiones que te cobran, ya sea de manera regular o por eventos extraordinarios (como inscripción a los programas de premios o emisión de tarjetas adicionales), así como de las condiciones de pago y las penalizaciones por incumplimiento.

Toma en cuenta que muchas veces las atractivas tasas o características que te ofrecen son un producto de mercadotecnia, por lo que tienes que ser consciente de lo que realmente significan.

Es vital que averigües (y compares) las condiciones del préstamo, así como su costo (la tasa de interés que te cobran, si es fija o variable, en pesos o en UDIS), los cargos adicionales que puedan existir (por apertura, seguros, etcétera), los requisitos para que te lo otorguen (necesidad de aval o colateral), y las acciones en caso de alguna eventualidad (como retrasos o pagos anticipados). Ten en mente esta pregunta siempre: ¿Podrías encontrar un préstamo con menor tasa de interés y/o mejores condiciones?

### ¿Qué son los burós de crédito?

Las Sociedades de Información Crediticia (como el Buró de Crédito o el Círculo de Crédito) son instituciones financieras que recopilan y almacenan información sobre historial crediticio. Ellas mantienen un expediente de cada persona o empresa que incluye los detalles de todos los créditos que han solicitado y de los problemas que han existido en su pago. Cuando tú solicitas un préstamo a algún cliente del buró (entre los que figuran la mayor parte de las instituciones bancarias, de tarjetas de crédito, de financiamiento o tiendas departamentales), ellas solicitan tu expediente y analizan tus antecedentes crediticios.

El buró no te califica ni decide si eres sujeto de crédito, sino que otorga la información que permite a la empresa decidir, según sus políticas, si otorgarte o no el préstamo que solicitas. Si tu calificación es mala, probablemente las empresas te nieguen los créditos.

## Paso 3. Organización es poder

Mal decía el dicho "Todo con el poder de tu firma"; el verdadero poder está en la organización. Todo con el poder de tu organización.

Mientras estés en busca del crédito, y más aun, una vez que hayas conseguido el préstamo, empieza lo realmente importante: tener la cabeza y los archivos en orden para poder tomar buenas decisiones y actuar con prudencia y asertividad.

- **Entre menos mejor.** No porque te ofrezcan un crédito o una tarjeta significa que lo necesitas. Solo solicita o acepta lo realmente necesario. Ojo con los ganchos. Evita sacar tarjetas nuevas o solicitar créditos solo por las promociones que ofrecen; esta es una carnada típica y suele terminar siendo extremadamente cara. Aprovéchalos solo para comprar productos realmente necesarios (y no, una TV gigante no es realmente necesaria).
- **Querer no es poder.** El tener las herramientas para gastar no implica que debas hacerlo. Todas las compras que firmes deben estar contempladas de antemano dentro del presupuesto familiar.
- **No te pierdas en la urgencia/emoción del momento.** Lee la letra pequeña de los contratos para estar bien informado de los costos y condiciones del préstamo.
- **Ojo con las tasas de interés.** Para créditos con plazos largos busca la alternativa de tasas fijas ya que, sean las mejores o no tan buenas, por lo menos van a ser conocidas a lo largo de la vida del crédito.
- **Paga el máximo.** En los créditos revolventes (o sea, las tarjetas de crédito) procura, si es posible, pagar el saldo total cada mes; si no, trata de pagar un poco más

del saldo mínimo para evitar el pago de los altísimos intereses. Si es algo que se te complica probablemente estés sobreendeudado (ve el paso que sigue).

**⑤ Distingue entre los diferentes tipos de tarjetas.** Las tarjetas de crédito son uno de los créditos de más fácil acceso y, generalmente, el que más nos mete en problemas. Las hay, básicamente, de dos tipos: las de crédito, que te permiten financiarte y pagar un poco del saldo mes con mes, y las de servicio que, por su tasa de interés, están hechas para que pagues el total al final del periodo; estas generalmente te ofrecen beneficios adicionales, como puntos acumulables, promociones o seguros. *Elige la más adecuada a tus necesidades.* Si quieres comodidad, pero estás dispuesto a pagar el total del saldo cada mes, elige una tarjeta con base en los servicios que te ofrece. Si lo que buscas es aprovechar el financiamiento, elige la tarjeta con el costo (intereses y comisiones) más barato, aun cuando prescindas de beneficios adicionales.

**⑤ Haz cuentas.** Guarda todos los recibos, físicos y electrónicos, y revisa, mes con mes, tu estado de cuenta. Además de evitar errores o cargo indebidos, esta práctica te proporciona un sano golpe de realidad: ver en blanco y negro la cantidad que debes permite retomar la proporción de lo que gastas cada mes, ayuda a evitar el común —y potencialmente peligroso— síndrome de "si no pago con efectivo siento que no gasto". Además, las compras por Internet con la tarjeta de crédito se van como el agua por la facilidad de hacerlas. ¡Cuidado!

**⑤ En caso de emergencia.** Ten a la mano la información necesaria sobre los procesos de aclaración para solucionar errores, así como el procedimiento y condiciones en caso de eventualidades: robos, fraudes o acceso indebido a una cuenta. Archiva los teléfonos de contacto así como el número de crédito y datos del contrato para poder realizar estos trámites lo más rápido posible.

$ **Cuida tu seguridad.** Cuando utilices tus tarjetas o solicites créditos o hagas pagos en línea sé extremadamente cuidados@ con la ciberseguridad. Sigue los pasos marcados por las instituciones financieras, usa contraseñas "fuertes" y guárdalas en lugares seguros. *NO HAGAS CASO A CORREOS QUE TE SOLICITEN INFORMACIÓN, NO IMPORTA CUÁN VERDADEROS U OFICIALES PAREZCAN.* Para cualquier duda contacta a la institución financiera por los teléfonos o correos que tienes en tu archivo o contrato.

$ A pesar de lo complicado que es manejar el crédito, *no abjures de él y lo deseches por completo.* Es FUNDAMENTAL en la vida tener créditos vigentes (ya sean tarjetas o de otro tipo) que manejes bien y puntualmente, para así construir tu historial de crédito, y en caso de que sea necesario por una emergencia o una compra inminente, te sea más fácil obtenerlo. Las empresas no le prestan a gente que nunca ha manejado créditos con anterioridad.

### El famosísimo CAT

La mejor manera de poder comparar y decidir entre las opciones de crédito que ofrecen las diferentes instituciones es mediante el CAT o Costo Anual Total: una tasa que resume lo que vas a pagar por el crédito cada año, ya que incluye, además del costo de la tasa de interés, comisiones, seguros obligatorios y gastos por otros servicios financieros. Todas las empresas de crédito están obligadas a enseñarte el CAT de cada uno de sus productos para que puedas compararlos.

OJO: Muchas empresas, sobre todo las casas de empeño y las plataformas de crédito en línea, promocionan en letras grandes sus costo MENSUAL, lo que lo hace parecer muy atractivo, pero en el momento en que lo traduces al costo ANUAL, se te atora en la garganta.

## Paso 4. ...y si estás en problemas

La mejor manera de resolver un problema de sobreendeuda-miento es nunca cayendo en él; sin embargo, si ya padeces los síntomas (angustia cada vez que haces cuentas, sudores cuando rechazan tu tarjeta de crédito o fiebre a la hora de pagar), o si la "enfermedad" ya se desató (tus deudas te im-piden ahorrar e incluso tienes que utilizar tus ahorros para pagarlas, o estás a punto de incumplir un préstamo), es hora de empezar a atacar el problema de manera frontal.

¿Cómo saber si estás sobreendeudado? Hay tres formas de saberlo: la matemática, la logística y la emocional.

Matemáticamente, no debes de estar pagando más del 15% de tu ingreso mensual en deudas.

Logísticamente, si cada mes te quedas corto en el pago de tus deudas (lo que te genera penalidades y más intere-ses) o tienes que pedir créditos nuevos para endeudarte más o para pagar los créditos que tienes.

Emocionalmente, si tus deudas te quitan el sueño, evitas leer correos o tomar llamadas de los despachos de cobranza o te duele el estómago cada vez que piensas en todo lo que debes y/o cómo vas a pagarlo.

Cualquiera de los tres es razón suficiente para leer esto.

Empieza por hacer una lista de todas tus deudas (utiliza la Hoja de Trabajo 7 como guía), ordenándolas por la tasa de interés que cobran anualmente, desde las más caras (generalmente los empeños y las tarjetas de crédito) hasta las que quizá no tengan un costo monetario pero sí impliquen la obligación moral de pago (como préstamos de familiares y de amigos).

## HOJA DE TRABAJO 7. Mis deudas

Fecha _____

| Deuda/ A quién | Saldo restante | Pago mensual | Tasa de interés anual |
|---|---|---|---|
| _____ | $ _____ | $ _____ | _____ % |
| _____ | $ _____ | $ _____ | _____ % |
| _____ | $ _____ | $ _____ | _____ % |
| _____ | $ _____ | $ _____ | _____ % |
| _____ | $ _____ | $ _____ | _____ % |
| _____ | $ _____ | $ _____ | _____ % |
| _____ | $ _____ | $ _____ | _____ % |
| _____ | $ _____ | $ _____ | _____ % |
| _____ | $ _____ | $ _____ | _____ % |
| _____ | $ _____ | $ _____ | _____ % |
| _____ | $ _____ | $ _____ | _____ % |
| _____ | $ _____ | $ _____ | _____ % |
| _____ | $ _____ | $ _____ | _____ % |

**Ordena por costo: primero las de tasa de interés anual más alta, después las de tasa más baja.**

Una vez que conozcas el panorama real de tu situación, sigue la fórmula mágica para desaparecer tus deudas: ¡Empieza a pagar!

Es triste, pero real. No existe otra manera de deshacerte honestamente de tus deudas. Asigna una cantidad fija de tu presupuesto para saldarlas, aunque esto implique sacrificar temporalmente otras cosas. Abona el máximo posible a cada una cada mes (si recibes algún dinero adicional, como un bono, regalo o aguinaldo, destina por lo menos una parte al pago), y da prioridad a las deudas que tienen un mayor costo, o sea, las que te cobran una mayor tasa de interés. Opta por pagar tus deudas aun cuando esto limite la cantidad que puedas ahorrar por el momento; financieramente esto es lo que más te conviene, ya que las tasas de interés que pagas mes a mes por el dinero que debes son más altas que los rendimientos que puedes obtener de la mayor parte de las inversiones.

Mientras saneas tu situación, evita —o por lo menos limita al máximo— la cantidad de nuevas deudas que adquieres, ya que de lo contrario ahondarás cada vez más la gravedad de tu situación y te será más difícil (y caro) salir de ella. Una vez saldadas tus deudas, o cuando tu endeudamiento llegue a un nivel aceptable, puedes volver a pedir prestado, pero de una manera más inteligente que te permita aprovechar las ventajas de los créditos sin ser víctima de sus vicios.

Acuérdate que el dejar de pagar tus deudas puede implicar que te boletinen en el Buró de Crédito, lo que puede hacer mucho más difícil que obtengas nuevos créditos en un futuro.

### ¿Conviene refinanciar?

Refinanciar, es decir, juntar todas tus deudas en una sola cuenta y pagarlas a un mayor plazo y/o con una tasa menor, es una estrategia que suena muy atractiva pero que debe utilizarse con mucho cuidado, ya que básicamente es igual que pedir un nuevo préstamo para pagar los existentes.

Refinanciar no es una solución a tu problema de endeudamiento, ni corrige los malos hábitos que te hicieron caer en él; simplemente te permite una mayor organización y quizás un periodo de respiro si el pago mensual que vas a hacer es menor a los pagos que venías realizando. Si decides tomar esta opción, hazlo como un último recurso y no como una salida cómoda (refinancio hoy y si no me sirve vuelvo a refinanciar mañana), asumiendo el compromiso de cambiar la manera en que haces uso de los créditos disponibles a tu alrededor.

Otra alternativa es buscar el servicio de los despachos de resolución de deuda, que negocian a tu favor con las instituciones a las que les debes y te consiguen un descuento si pagas todo de contado. Si esta opción se te hace atractiva, averigua MUY bien los pormenores, sobre todo el impacto que tendrá en tu historial futuro de crédito.

## Lo que los despachos de cobranza pueden/no pueden

Muchas veces, cuando le debes dinero a una institución, esta contrata a personas o despachos especializados en cobranza para ayudarlas a presionarte a que realices el pago y/o para negociar y reestructurarlo.

Los despachos de cobranza cobran un porcentaje del dinero que recuperan, por lo que sus medios para cobrar no siempre son los más correctos y educados.

Dados los problemas que esto ha generado, el gobierno ha regulado lo que los despachos pueden o no pueden hacer:

| | |
|---|---|
| **Sí pueden** | Informarte de tu situación diciendo claramente quiénes son. |
| **No pueden** | Aparentar ser el banco o una institución pública o judicial o con nombres similares. |
| **No pueden** | Hablarte desde un teléfono "oculto". |
| **Sí pueden** | Ser educados y firmes. |
| **No pueden** | Amenazarte, ofenderte o intimidarte a ti o a |

tus familiares.

**Sí pueden**    Hablarte por teléfono de 7:00 am a 10:00 pm.

**No pueden**    Hablarte a un teléfono que no sea el
registrado en la solicitud de crédito.

**No pueden**    Buscarte por redes sociales.

**No pueden**    Mandarte documentos que parezcan
oficiales amenazando con cárcel.

Y lo más importante, *no pueden* recibir directamente los pagos, estos se deben hacer a la institución a la que le debes directamente.

MIRA HIJO, ASÍ ES COMO FUNCIONA EL CRÉDITO

LEWIS 2o2o.

## Protección financiera. ¿Y si algo llegara a pasar? La importancia de estar preparado

Ahorro, manejo de deudas, protección.

Ahorro, manejo de deudas, protección.

Ahorro, manejo de deudas, protección.

Ahorro, manejo de deudas, protección.

Ahorro, manejo de deudas, protección.

Ahorro, manejo de deudas, protección.

Ahorro, manejo de deudas, protección.

La vida nos da sorpresas, sorpresas nos da la vida.... Y, realmente, no son siempre del tipo de asombros que nos gustaría recibir. Pandemia, crisis económicas, accidentes, enfermedades, robos, muertes prematuras, divorcios inesperados y otro tipo de riesgos, asuntos que uno quisiera hacer como si no fueran a pasar, o si ya pasaron que no van a repetirse, pero que, por lo menos en términos financieros, esa es la peor manera de enfrentarlos.

La protección financiera busca cortar las cadenas de eventos desafortunados que muchas veces nos afectan como piezas de dominó que caen. Un mal evento desencadena, por carencias o malas decisiones financieras, muchos más. Estar protegido es una manera de reducir el impacto de las malas jugadas de la vida.

Hay varias formas de manejar los riesgos: la primera, es *evitarlos*. Hacer hasta lo imposible para no sufrir ningún contratiempo. Lamentablemente esta evasión implicaría sentarnos, en compañía de toda la familia, a vivir en un cuarto cubierto de colchones, respirando aire filtrado y comiendo puras verduras orgánicas. Está por demás decir que esta es una solución impráctica.

La segunda alternativa es **reducirlos**. Hacer todo lo lógicamente posible para evitar enfrentar alguna desagradable sorpresa: cuidar la salud al máximo, manejar con precaución, no fumar, utilizar buenas medidas de seguridad en el hogar, por mencionar solo algunas ideas. Estas medidas son adecuadas y correctas, algo que todos deberíamos observar, pero no nos hacen inmunes a sufrir una eventualidad y a tener que solventar el costo o la pérdida que esta pueda ocasionar.

La tercera alternativa es *estar preparados*. Este es el último paso, el menos comprendido, el más importante. No tener una buena estrategia de protección financiera implica, ante cualquier crisis, por más pequeña que sea, echar hasta el plan financiero mejor planeado a la basura.

Los instrumentos de protección financiera se definen como "cosas que uno menosprecia y que en el momento de una crisis o emergencia agradece al cielo (aun siendo ateo) el haber tenido la visión para tenerlos vigentes, o se arrepiente y culpa al diablo (así sea ateo) por no haber hecho caso a libros como este que enfatizaban su importancia".

El no tener instrumentos de protección financiera es una franca irresponsabilidad e idiotez. Así seas el mejor inversionista y el más cauto manejando tus deudas, *SI NO ESTÁS PROTEGIDO FINANCIERAMENTE, TODO LO DEMÁS SE MINIMIZA*.

Hablar de mecanismos de protección financiera es hablar de tres cosas: una cuenta para emergencias, seguros, y un instrumento que no es propiamente financiero, pero es fundamental, un testamento.

Con estos no se evitan o eliminan los contratiempos de la vida, eso sería imposible. Tampoco pueden protegernos contra el dolor o la incomodidad que los imprevistos pueden causar; lo que sí pueden hacer es minimizar el impacto financiero que los eventos puedan tener, y que en algunos casos pueden destrozar ahorros, obligarnos a endeudarnos e incluso llegar a destruir el patrimonio de una persona o familia.

## Nada más importante: una cuenta de emergencia

Lo primero que necesitas hacer para tener blindada tu vida financiera y poder enfrentar un revés, una minicrisis, un problema, un evento desafortunado o una pandemia, es tener una cuenta de emergencia.

Hay un dicho que afirma que el "efectivo es el rey", y no hay nada más cierto en los momentos de crisis. La mejor manera de enfrentar un problema y solucionarlo es teniendo a tu disposición dinero contante y sonante. No solo por lo que el dinero en sí pueda comprar, sino por la tranquilidad que el saberte protegido te brinda, y esta tranquilidad es la que te ayuda a tomar decisiones más sensatas y sopesadas (que generalmente son mejores decisiones).

Necesitas tener una cuenta de ahorro específica y separada del resto de tus ahorros que sea solo para usar en caso de una emergencia (y no, un viaje de placer no es una emergencia). Te despiden de tu trabajo, una emergencia médica, propia o de un familiar, que te impida trabajar, un bicho raro que obligue a la sana distancia... Los bienes son para enfrentar los males y esta cuenta es lo que tiene que hacer.

**¿Por qué? Porque** si no tienes una cuenta de este tipo y se te presenta una emergencia, vas a necesitar abusar de tus tarjetas de crédito, con un altísimo costo de intereses, o vender tus inversiones, asumiendo muchas veces una pérdida y resquebrajando tus planes de largo plazo, y no se diga de la angustia por la que, además del problema, vas a tener que pasar contando pesos y centavos.

Deposita en esta cuenta poco a poco hasta tener una cantidad suficiente que te permita cubrir entre tres y doce meses de tus gastos. Define cuánto exactamente según las características particulares de tu vida:

- **⑤ Tres meses.** Guarda esto en tu cuenta de emergencia si eres soltero o no tienes hijos, si tus deudas son pocas y/o si tienes otras fuentes a las que puedas recurrir en caso de una emergencia (padres que te puedan hacer un préstamo, por ejemplo).
- **⑤ Seis meses.** Ahorra esto si tienes dependientes económicos pero tienes una fuente de ingresos adicional (por ejemplo, si tu pareja también trabaja), o si tu empleo es estable pero no tienes forma de conseguir un préstamo de emergencia en caso de necesitarlo.
- **⑤ Doce meses.** Guarda el máximo de dinero en tu cuenta de emergencia si tu situación de trabajo es inestable, si eres un profesionista independiente con gran variación en tus ingresos mensuales o si tienes dependientes económicos de los que eres la única fuente de sustento.

Invierte esta cuenta en **instrumentos de poco riesgo** (vamos a hablar más de esto en la Parte 3 del libro) privilegiando la disponibilidad por sobre el rendimiento, o sea, que puedas sacar tu dinero en el momento en que lo necesites. La idea es protegerte de la inflación, quizá con un pequeño premio adicional. Elige instrumentos conservadores y extremadamente líquidos como fondos, pagarés o papel gubernamental, todos de corto plazo (máximo 90 días) que se reinviertan constantemente mientras no necesites utilizarlos.

## Ahorrador precavido vale por dos: los seguros

La mecánica del seguro es simple: la persona que busca protegerse (o sea tú) contra un imprevisto paga una cantidad periódica a una compañía aseguradora para que en caso de que este ocurra, pueda recibir una cantidad de dinero o un servicio pactado.

Cierto, comprar un seguro no es barato, pero es una ganga comparado con el costo que puede tener un evento inesperado, ya sea un accidente automovilístico, una enfermedad o la muerte del jefe de la familia.

**Cuidado:** los seguros no pretenden (ni son capaces de) protegerte contra los malos momentos de la vida; simplemente solventan los efectos monetarios que estos acontecimientos provocan.

Para saber si contratar o no un seguro y por cuánto dinero asegurarte, toma en cuenta estos dos elementos: la posibilidad de que ocurra el mal evento y el impacto que tendría en tus finanzas si ocurre. Entre más grande sea alguno, o ambos, de estos factores, mayor es tu urgencia de contratar un buen seguro

### Consejos seguros

La diferencia entre un buen seguro y un mal seguro tiene que ver no solo con la compañía aseguradora, sino con la inteligencia que utilices para elegirlo y manejarlo.

### Antes de contratar

Existen decenas de seguros diferentes en el mercado. ¿Cómo escoger el más adecuado a tus necesidades?

- $ **No te confíes.** Si la compañía en donde trabajas te ofrece como prestación algún seguro, analiza bien los detalles y evalúa si es el adecuado para ti y/o si debes complementarlo con otro tipo de seguro.

💲 **Lo barato puede salirte caro.** Antes de elegir un seguro averigua sobre las diferentes alternativas que existen en el mercado (por lo menos dos o tres diferentes) y compara sus condiciones. No te guíes solamente por el precio de la prima, evalúa también los pormenores de la cobertura.

💲 **Nada de aseguradoras patito.** Compra seguros expedidos por instituciones serias y reconocidas, sobre todo si lo estás haciendo en línea, para evitar ser víctima de empresas charlatanas o que carezcan de la fuerza financiera para respaldar sus productos.

💲 **Pregunta y vuelve a preguntar.** No hay clave más importante para comprar un seguro que plantear al agente vendedor (ya sea en persona o en línea) absolutamente todas tus dudas, aun cuando te parezcan ridículas e inconsecuentes. El agente debe responder a ellas de manera simple y directa tantas veces como necesites para poder entender.

💲 **Busca coberturas lo más amplias posibles.** Es mejor elegir seguros que cubran una cantidad mayor de eventos (por ejemplo, un seguro médico que cubra todas las enfermedades) a uno que solo te proteja de eventos muy particulares (un seguro que solo cubra cáncer).

💲 Si vas a comprar el seguro por medio de un agente, busca que sea una persona con conocimientos y que se preocupe por ti, por conocerte y ofrecerte lo que necesitas TÚ, y no por ganar unos pesos extras lo haga *a costa de tus intereses*.

💲 Ni mucho ni poco, la cantidad exacta. Así como la falta de seguros es peligrosa, estar sobreasegurado también es poco recomendable porque implica un gasto excesivo para pagar las primas y que puedes aprovechar de una mejor manera. Evalúa qué es lo que vale la pena asegurar y el monto más inteligente para asegurarlo. Más no siempre es mejor.

## Al contratar

Entre mejor y más claro sea el proceso de la contratación del seguro, mayores probabilidades tendrás de contar con una protección adecuada a tus necesidades.

- ⑤ **La verdad y nada más que la verdad.** Toda la información que proporciones al contratar tu póliza, desde tus datos personales hasta información sobre salud, debe ser veraz y fidedigna. Mentir u omitir datos puede ser motivo de que, en el momento de hacer una reclamación, el seguro se niegue a pagar.

- ⑤ **Lee la letra pequeña.** Antes de firmar, revisa el contrato prestando especial atención a las condiciones particulares y exclusiones de la póliza.

- ⑤ **¿Qué hacer?** Pídele a tu agente que te explique o te entregue por escrito una lista de los pasos específicos que debes seguir en caso de necesitar hacer una reclamación (adónde hablar, qué documentos presentar, etcétera).

- ⑤ **Haz cuentas.** Decide entre las diferentes opciones financieras que existen en el contrato. Mientras mayor sea el deducible que elijas menor será la prima que deberás pagar; lo más recomendable es elegir el deducible más alto que puedas solventar en caso de una reclamación para reducir al máximo los pagos periódicos que tienes que hacer.

## Después de contratar

El buen uso de un seguro no acaba en el momento de la firma.

- $ **Vuelve a leer.** Revisa la póliza en el momento de recibir-la para verificar que todas las promesas y condiciones hayan quedado por escrito. Recuerda que cuentas con 30 días naturales después del inicio de la vigencia para solicitar cambios.

- $ **Cuidado con el papel.** Guarda la póliza junto a cualquier otro papel y/o archivo electrónico que necesites para hacer una reclamación (credenciales, teléfonos de la línea de reclamaciones y del agente de seguros, reci-bos de pago, etcétera); procura elegir un lugar seguro para evitar perderlos, pero accesible en caso de que otra persona necesite revisarlos por ti.

- $ **No lo calles.** Informa a tus beneficiarios o a quien sea de tu confianza cuáles son los seguros con los que cuentas, las condiciones de sus coberturas y los pasos que hay que tomar para hacer una reclamación, para que puedan ejercer el seguro en caso de que tú no puedas.

- $ **Sé puntual.** Paga a tiempo tus primas y exige un reci-bo oficial de los desembolsos, el que debe contar con membrete oficial de la empresa aseguradora y sello de la caja y/o firma del agente. No aceptes recibos "provi-sionales". Renueva las coberturas antes de que venzan.

- $ **No corras riesgos innecesarios.** El contar con un buen seguro no te exime de la responsabilidad que tienes de cuidarte a ti, tu integridad, tu salud y tus bienes para evitar sufrir cualquier percance. Recuerda que el mejor seguro es el que nunca tienes que utilizar.

- $ **Va de nuevo.** Al recontratar un seguro, aun cuando sea del mismo tipo y con la misma empresa, vuelve a leer detalladamente la póliza para verificar cualquier cambio o ajuste en las condiciones de la cobertura.

💲 **Aprovecha los beneficios de la relación.** Si estás contento con el trato y servicio que recibes de cierta compañía de seguros, procura conservarla. Ir acumulando antigüedad con una empresa te puede dar atractivos beneficios, como descuentos o prestaciones adicionales.

**Cuidado:** si contratas más de un seguro para asegurar el mismo bien (salvo en los casos de los seguros de vida), debes notificarlo a todas las aseguradoras involucradas.

### En caso de sufrir un siniestro

Sencillos pasos para agilizar el pago:

💲 Avisa a la compañía aseguradora **lo antes posible**; si sabes de antemano que vas a hacer uso del seguro (una cirugía programada, por ejemplo), contacta al seguro antes del evento.

💲 Al momento de hacer la reclamación, ten lista toda la **documentación necesaria** (averigua lo que necesitas de antemano); así evitarás trámites repetidos en momentos poco convenientes.

💲 Si es necesario, toma fotografías de los hechos o consigue más **evidencia** de los daños.

💲 Nunca llegues a un arreglo con un tercero sin **contactar primero** a tu aseguradora. De la misma manera, no repares ni repongas nada sin la autorización de la compañía, a menos de que dicho permiso venga por escrito en la póliza del seguro.

## Cada seguro es un mundo

Existen decenas de seguros diferentes en el mercado. A continuación se describen las características principales de los seguros más comunes.[2] Consulta el recuadro siguiente para tener claros los "tecnicismos".

### Para entender el vocabulario

**Seguro.** Contrato mediante el cual una empresa se compromete a compensar al asegurado con una determinada cantidad ante la ocurrencia de alguna eventualidad.

**Póliza.** Documento en donde se describen las condiciones específicas del seguro. Es el contrato entre la aseguradora y el asegurado.

**Cobertura.** Es la cantidad de la protección, en dinero o en servicios, que ofrece la póliza.

**Siniestro o Evento.** Ese evento desafortunado que todos tememos y contra el que protege el seguro.

**Asegurado.** Es la persona (u objeto) que cubre la póliza de seguro.

**Beneficiario.** Persona designada por el asegurado para recibir el beneficio del seguro, si es que es diferente de la persona que lo contrató.

**Prima.** Es el precio de una póliza de seguro; el pago periódico (mensual, semestral, anual) que debe hacer el asegurado para contratar y mantener vigente el seguro.

**Reclamación.** Aviso a la compañía aseguradora de la ocurrencia del mal evento para obtener el pago que cubre la póliza.

---

[2] Recuerda que estos solo son lineamientos generales que pueden variar considerablemente entre lo que ofrece una u otra compañía aseguradora (e incluso entre seguros de una misma empresa), por lo que es fundamental que consultes las características específicas de las pólizas que consideres contratar.

**Deducible.** Cantidad fija que deberá pagar el asegurado de su bolsillo en cada evento que se reclame y sea cubierto por la aseguradora.

**Coaseguro.** Porcentaje, adicional al deducible, que debe pagar el asegurado en caso de una reclamación.

**Endoso.** Cambios efectuados a las condiciones de una póliza después de su contratación.

**Vigencia.** Periodo durante el cual el seguro es válido.

## Seguro de vida

- ⑤ **¿Qué es?** Otorga una suma de dinero a los beneficiarios de una persona cuando esta fallece.

  Garantiza la tranquilidad económica de la familia, dejando protegidos a hijos menores y/o al cónyuge. Este seguro también puede otorgar a la persona asegurada dinero en caso de quedar inválida. Existen dos tipos: temporal, que dura un periodo determinado, o permanente, que dura toda la vida del asegurado.

- ⑤ **¿Quién lo debe contratar?** Se debe asegurar a cualquier miembro de la familia que participe económicamente en la manutención del hogar. Es fundamental si tienes dependientes económicos, hijos menores, hijos con alguna discapacidad, etcétera.

- ⑤ **¿Cuánto necesitas?** Sería ideal contar con una cobertura entre cinco y diez veces mayor a los ingresos anuales de la persona asegurada.

- ⑤ **¿Cuándo te paga?** El seguro paga en el momento de la muerte (o invalidez, si está contratada) del asegurado.

- ⑤ **Beneficios y exclusiones** Este tipo de seguro puede incluir cláusulas que den mayor beneficio en caso de muerte accidental, pérdida de miembros, muerte colectiva, así como apoyo en gastos funerarios. La muerte por suicidio y/o ciertos deportes extremos puede no estar cubierta.

## Seguro de Gastos Médicos Mayores

ⓢ **¿Qué es?** Apoya en el pago de gastos médicos que tenga la persona asegurada en caso de accidente y/o enfermedad. Este tipo de seguros lo ofrecen tanto las aseguradoras como diversos hospitales o grupos médicos. Cada póliza de cobertura es diferente, pero entre los gastos más comunes que se cubren se encuentran los de hospitalización, honorarios médicos y quirúrgicos, laboratorio, aparatos ortopédicos y equipo médico, medicinas, padecimientos del recién nacido (que está cubierto automáticamente si lo está la mamá) y complicaciones del embarazo.

Algunos seguros limitan la cobertura de médicos y servicios a una red determinada, mientras que otros te permiten elegir los de tu preferencia.

ⓢ **¿Quién lo debe contratar?** Toda persona. Son un buen complemento, inclusive si estás asegurado por algún instituto de salud pública (IMSS, ISSSTE).

ⓢ **¿Cuánto necesitas?** La diferencia entre una póliza de "primera capa" (la cobertura más básica) y una "ilimitada" es proporcionalmente muy poca, por lo que debes optar por la cobertura más alta que puedas pagar. Ahorra dinero eligiendo deducibles altos para disminuir las primas.

ⓢ **¿Cuándo te paga?** Existen dos modalidades de pago. Una es el pago directo, cuando el seguro paga directamente al proveedor de servicios (médico, laboratorio, hospital, etcétera); este es el método utilizado generalmente para cirugías o tratamientos programados. La otra es el pago por reembolso, en donde el asegurado paga todos los gastos y presenta los recibos y comprobantes a la aseguradora, la que le restituye el monto pagado (menos el deducible).

$ **Beneficios y exclusiones.** Algunos seguros ofrecen cobertura de gastos médicos en el extranjero o apoyo económico en caso de que una enfermedad te impida trabajar. Pero pueden excluir lo siguiente: enfermedades preexistentes y congénitas, tratamientos psiquiátricos, cirugías estéticas y accidentes al participar en ciertos deportes extremos. Algunos no aseguran por primera vez o no renuevan el seguro a personas mayores de cierto límite de edad

$ **Cuidado.** Existen enfermedades/situaciones que solo son cubiertas después de un periodo de espera, o sea, que debes estar asegurado por un tiempo determinado antes de que el seguro las empiece a cubrir. Además, algunas empresas ofrecen seguros de gastos médicos menores que cubren o dan descuentos en los desembolsos médicos más frecuentes y de menor costo.

## Seguro de casa

$ **¿Qué es?** Sirve para proteger tu casa (y su contenido) que, valga el énfasis, es el principal valor del patrimonio de una persona. Su protección puede incluir incendio, fenómenos naturales, robo con violencia o asalto, desperfectos o accidentes que ocasionen daños. También se puede contratar una póliza por responsabilidad civil por si alguien de la familia provoca una avería o alguna persona sufre un accidente en tu casa.

$ **¿Quién lo debe contratar?** Si tienes una casa, propia o rentada, lo debes tener.

- ⑤ **¿Cuánto necesitas?** Idealmente debes contar con una cobertura lo más cercana al valor de reposición de la construcción de la casa y su contenido.

- ⑤ **¿Cuándo te paga?** Al ocurrir el evento desafortunado, lo antes posible. Generalmente es un pago por reembolso.

- ⑤ **Beneficios y exclusiones.** Existe la falsa noción de que asegurar una propiedad y/o su contenido es extremadamente caro, cuando en realidad es uno de los seguros más baratos que puedes adquirir. Diversos artículos, como obras de arte y alhajas, no están incluidos en la póliza, por lo que se amparan solo bajo un convenio expreso. Es importante asegurar estos bienes después de valuarlos con un experto.

## Seguro de auto

- ⑤ **¿Qué es?** Un seguro de automóvil protege tu patrimonio contra las pérdidas económicas que puedas enfrentar a raíz de un accidente automovilístico (daños tanto al automóvil como a los ocupantes o a terceros), y/o por el robo de un vehículo. Existen diversas coberturas dependiendo de cuánto quieras cubrir.

- ⑤ **¿Quién lo debe contratar?** Todo automóvil de tu propiedad debe estar asegurado.

- ⑤ **¿Cuánto necesitas?** Existen varios esquemas de valuación, la pregunta es cuánto te quieres extender en la cobertura.

- ⑤ **¿Cuándo te paga?** Al momento del siniestro, ya sea por reembolso de los gastos que tú hagas o por pago directo (a ti, al taller o a un tercero).

- ⑤ **Beneficios y exclusiones.** Cualquier automóvil que es manejado en estado de ebriedad o por un menor de edad o una persona sin licencia de manejo puede perder el seguro.

⑤ **Cuidado.** Si tienes hijos adolescentes que utilicen el auto, vigila que la póliza los cubra también a ellos. Si tienes motocicletas u otros vehículos, asegúralos también.

## Seguros dotales

⑤ **¿Qué son?** Se conocen también como seguros de inversión, ya que después de depósitos periódicos (que se hacen en forma de primas) te devuelven una cantidad predeterminada que incluye el pago de intereses. Los seguros dotales son especialmente útiles para solventar la educación universitaria de los hijos o tu retiro.

⑤ **¿Quién lo debe contratar?** Estos seguros funcionan como un mecanismo de ahorro, y son particularmente útiles para personas que quieren despreocuparse de las decisiones de inversión (dónde invertir mis ahorros) y que necesitan una "presión" para comprometerse a ahorrar. La tasa de intereses que pagan no es generalmente la más atractiva del mercado,

⑤ **¿Cuánto necesitas**? Según el uso que le vayas a dar.

⑤ **¿Cuándo te paga?** En el momento convenido (ya sea al inicio de la carrera universitaria o a una edad de retiro) o, en caso de que el asegurado llegue a morir antes. El pago puede ser en una cantidad al contado o a plazos.

## Microseguros

⑤ **¿Qué son?** Cómo su nombre lo indica, son seguros de pequeños montos, enfocados a la población que no puede tener acceso a los seguros tradicionales porque son muy caros. Pueden ser de vida, de daños, de gastos médicos o seguros para respaldar el pago de un crédito. Tienen primas pequeñas, pero el monto asegurado también lo es.

$ **Ventajas.** Son de fácil contratación, fáciles de entender y no tienen coaseguro ni deducible.

$ **¿Quiénes los deben contratar?** Personas que no puedan solventar el pago de las primas de un seguro tradicional, pero que quieren tener por lo menos un poco de protección.

$ **¿Cuánto necesitas?** De acuerdo con el uso que le quieras dar. Generalmente la suma asegurada es menor a $90,000.00

$ **¿Cuándo te paga?** Depende de lo que el microseguro esté respaldando.

## La mejor manera de ~~descansar~~ vivir en paz: un testamento

Hablar de muerte es un tabú, un tema que pone nervioso a cualquiera, y es por esto por lo que cometemos el error que más puede poner en riesgo a nuestra familia y/o nuestros bienes materiales.

El testamento es el documento más importante que puedes tener, pues no solo te ayudará a "descansar en paz" (cada quien que haga el recuento de sus pecados), sino también a disfrutar de la vida.

La lista de pretextos para no hacer testamento es interminable, y por más ridículos que parezcan, muchas veces caemos en ellos consciente o inconscientemente.

$ **Pretexto #1. Porque no tengo mucho dinero.** Tener un plan de sucesión no es un privilegio de ricos, es una obligación de todo aquel que quiera ahorrar a sus seres queridos trámites y problemas. No importa el tamaño del patrimonio; lo que construimos en vida, sea mucho o poco, tiene un valor que debe ser conservado.

**(S) Pretexto #2. Porque soy joven.** La vida da sorpresas —algunas de ellas muy desagradables—, de las que nadie está exento a ninguna edad. Tener un testamento desde joven es una excelente idea, ya que marca una pauta de responsabilidad en el manejo del dinero a lo largo de la vida.

**(S) Pretexto #3. Porque se van a apropiar de mis bienes.** Hacer un testamento no implica, de ninguna manera, ceder el control de los bienes. Un testamento entra en vigor solamente cuando fallece la persona.

**(S) Pretexto #4. Porque soy mujer.** Los planes testamentarios no son cuestión de género, son un asunto de sensatez. En México, más de 50 por ciento de los hogares son encabezados por una mujer, por lo que para ellas un testamento es imprescindible. Incluso para las mujeres que viven en pareja (y no son el principal sustento del hogar), este es un documento indispensable: un testamento no solo sirve para heredar bienes materiales, también estipula el futuro de las cosas realmente valiosas, como saber quién va a cuidar a tus hijos en caso de que llegaras a faltar.

**(S) Pretexto #5. Porque yo ya dejé instrucciones con una persona de mi entera confianza.** No tener un documento oficial facilita la posibilidad de invalidar tus deseos. La gente de confianza puede actuar con la mejor intención, pero al no existir un aval público, los problemas que pueden surgir se multiplican. En un momento de tristeza (cuando muere un ser querido), aun la gente de mayor confianza llega a perder la objetividad. Tener un testamento es la mejor manera de asegurar que tus bienes pasen a manos de quien tú desees y, así, evitar conflictos.

🜂 **Pretexto #6. Porque no tengo hijos (o ni siquiera estoy casado).** A menos de que quieras legar una parte considerable de tus bienes al gobierno, debes tener un testamento. Si no tienes hijos o seres cercanos a quienes heredar, busca alguna fundación de beneficencia a la que te gustaría destinar tu patrimonio.

Hablemos sin rodeos: no contar con un testamento minimiza, e incluso puede anular, el esfuerzo de una vida dedicada a la planeación. Morir intestado implica, en el mejor de los casos, molestos trámites para nuestros familiares (en momentos particularmente dolorosos) y, en los peores casos, años de caros juicios, pleitos y pérdida de una parte importante del patrimonio. Contar con este documento no es hablar de la muerte, sino es la mejor y más sabia manera de vivir la vida.

El testamento es un documento en donde una persona determina las acciones que se deben tomar con su patrimonio una vez que ella muera. Existen muchos tipos de testamentos; sin embargo, el más común y recomendado es el Testamento Público Abierto.

Para redactar este tipo de testamento debes acudir ante un notario y nombrar a tus herederos, y los porcentajes o montos y condiciones en los que quieres repartir tus bienes a cada uno de ellos. No es necesario que conozcas, centavo a centavo, los pormenores de tu patrimonio, ya que las disposiciones que dictes se aplicarán a los bienes que tengas en el momento en que fallezcas. Si tienes un bien en particular que quieras heredar de manera específica, también lo puedes estipular.

## Testamentos sin dolor, paso a paso

1° **Encuentra un notario**… ya sea por recomendación de personas cercanas a ti, o buscando alternativas en el colegio de notarios del lugar en donde vives.

… **y haz una cita**. Explica que es tu intención redactar un testamento y pregunta cuáles son los documentos que debes llevar contigo para evitar dar vueltas en vano (generalmente, lo único que necesitas llevar es una identificación oficial). Consulta también sobre el costo del trámite.

2° **Ve preparado.** Antes de la cita es importante que te tomes un tiempo para pensar cuáles son las disposiciones que deseas dejar en tu testamento. Ten en mente (o mejor, lleva escrita) una lista general de tus bienes, de cómo y a quién los quieres heredar. No es indispensable llegar a la cita con esta planeación, pero es una buena idea que hagas tu "examen de conciencia" con anterioridad para asegurarte de tomar la mejor decisión.

3° **Elige a las personas adecuadas para el puesto adecuado**. Uno de los puntos que más "mueve el tapete" al momento de redactar un testamento es designar a las personas que quieres que cumplan las diferentes labores que en él se establecen. Este es un asunto muy complicado, pues incluye aspectos emocionales, religiosos, familiares, y financieros. Necesitas definir tres figuras con una función diferente (a cada una se le puede nombrar un suplente):

- 👤 Albacea. Es la persona que se va a encargar de cumplir con lo que se dispone en el testamento y administrar y repartir los bienes.
- 👤 Tutor. Es el encargado de hacerse responsable de los hijos menores de edad o dependientes discapacitados, y velar por su bienestar.
- 👤 Curador. Su labor es vigilar al tutor y cuidar que esté cumpliendo con lo dispuesto en el testamento.

Elige a personas que tengan la capacidad y la disposición de desempeñar estas funciones; siempre es buena idea preguntarles, antes de incluirlos, si quieren cumplir con ese papel.

4º**Platica con el notario.** Lo primero que harás en la cita es platicar con el notario. Él te explicará el proceso y tú deberás plantearle tu situación, tus deseos y, sobre todo, tus dudas, por más simples que parezcan. El objetivo principal de cualquier notario es atender la voluntad de las personas y traducirla en términos legales. Es cierto que en su papel de consejero puede asesorar, orientar y sugerir las mejores prácticas (así como advertir sobre lo legalmente equivocado o imposible), pero a fin de cuentas son los deseos del testador los que van a quedar oficializados en el testamento

Después de platicar, el notario deberá redactar el testamento, cláusula por cláusula, de acuerdo exclusivamente con lo que sea tu voluntad. Mientras más sencillas sean las disposiciones que en él se estipulen, más fácil serán su aplicación y cumplimiento.

**Cuidado.** Un testamento no es el instrumento para dejar disposiciones y condiciones éticas y morales a los herederos. La muerte no es el momento de educar, eso se hace en vida. Muchas de las disposiciones o condiciones morales que la gente quiere dejar en su testamento son difíciles de aplicar y pueden crear confusión y problemas posteriores.

**5º Firma.** Ya sea en esa reunión, o en una posterior, deberán leer el testamento para verificar la absoluta conformidad y firmarlo, tanto tú como el notario.

**6º Archiva.** Una vez firmado, el notario registra el testamento ante el Archivo General de Notarías para que al momento del fallecimiento se pueda aplicar. Tú deberás recoger, después de algunos días, una copia oficializada del documento y guardarla en un lugar seguro. No es indispensable tenerla pero es una buena práctica. (En caso de que extravíes la copia del testamento, acude con el mismo notario para que elabore un duplicado o te indique dónde debes obtenerlo).

**7º** Después de hacer tu testamento hay varios pasos importantes:

✉ Primero. **Comparte tus decisiones.** Una vez que tengas en orden tu testamento platica con alguien de tu confianza (cónyuge, hijo, hermano, amigo) qué pasos debe seguir cuando sea el momento de tramitar la sucesión, así como el lugar en donde tienes archivado el documento y/o los datos del notario.

✉ Segundo. **No te lleves secretos a la tumba.** El único lugar en donde esto es emocionante es en las películas de Hollywood. Haz un inventario de tus bienes (¡incluye los datos de cajas de seguridad, si es que tienes!) y guarda la lista en un lugar seguro junto al testamento, así podrás garantizar que ningún bien quede, por desconocimiento, olvidado.

✉ Tercero. Recuerda que puedes y debes hacer **cambios a tu testamento** cuantas veces sea necesario, ya sea por cambios en tu voluntad o en las circunstancias de tu patrimonio o tu vida. Puedes cambiar beneficiarios, condiciones, albacea, tutor. Es un trámite idéntico al original que, a lo largo de tu vida, puedes modificar tantas veces como quieras, quedando el último cambio como el vigente para cumplir tu voluntad al momento de morir.

## Blíndate ante fraudes

Siempre pensamos que no nos puede pasar, que somos demasiado inteligentes para que nos vean la cara…, hasta el día que pasa y nos golpean en la cartera, en el estómago y en el ego. Desde esquemas directamente fraudulentos hasta ganchos e información manipulada que busca aprovecharse de nuestra confianza, tandas de ahorro que nunca pagan, riesgos que nunca nos explicaron que existían, productos para ganar un dineral en el mercado cambiario que acaban siendo un cuento chino, etcétera.

¿Cómo reconocerlos y protegernos de ellos?

- Lo primero y más importante: **si algo parece demasiado bueno para ser verdad,** probablemente no lo sea. Así de simple. No importa cuán profesionales se vean la persona que te lo ofrece o el sitio web en donde se anuncia. Si te ofrecen inversiones con rendimientos mucho más altos que el resto del mercado, hay riesgo oculto; si te ofrecen créditos con tasas demasiado bajas, hay un gancho detrás; si te ofrecen seguros con primas mucho más bajas y con coberturas mucho mayores a las del resto del mercado, hay algo que no te están explicando, ya sea que es un fraude o un producto legítimo pero que conlleva mucho riesgo.

- Cualquier producto que te hable de "una estrategia secreta y única… que no te podemos decir", o que busca presionarte con frases como **"Es una oportunidad única"**, **"Ahora o nunca"**, **"Somos de confianza"**, **"La letra pequeña no importa"**, **"No te preocupes si no entiendes"**, debe encender un foco rojo en tu cabeza.

### Buenas y malas noticias

Las buenas. Ya tienes lista la base de tu plan financiero: ahorro, manejo de deudas y protección ¡felicidades!

Las malas. Nada es perfecto ni eterno, y así como la vida cambia, tu plan financiero debe hacerlo también.

# Paso 4. Recalculando.
# La importancia de revisar y ajustar

NADA DURA PARA siempre, ni siquiera el mejor plan de manejo de dinero. Es más, no dura mucho tiempo. Irónicamente, ese es el éxito de un plan de manejo financiero. Que se vuelva inadecuado después de un tiempo quiere decir que tu vida va cambiando y evolucionando. Bien dice el dicho que lo único constante es el cambio.

Regresemos a las aplicaciones de movilidad. Ingresas el punto de partida. Ingresas el destino. El sistema marca la ruta "ideal", pero al empezar el trayecto hay calles cerradas o mucho tráfico en una avenida o la alternativa de un mejor camino. Sale el mensaje de "Recalculando".

Así es la vida financiera. De vez en vez hay que "recalcular".

Aun cuando logres diseñar un programa financiero que te dé excelentes resultados, debes —cada cierto tiempo— cambiarlo; los planes financieros tienen "fecha de caducidad" y si no se renuevan se vuelven cada vez menos efectivos o incluso se pueden volver completamente inadecuados.

Pero... ¿Para qué arreglar o modificar un plan que tanto trabajo me costó hacer?

Primero, porque encontraste retos y **obstáculos inesperados o mal calculados** en el camino, situaciones que no esperabas que sucedieran o que no consideraste a la hora de hacer tu plan inicial, y que es inaplazable tomar en cuenta para ajustar, o incluso cambiar tu situación financiera, tus objetivos y/o la ruta.

Segundo, porque **tú cambias.** Las finanzas personales son ante todo (valga la redundancia) ¡personales! Cualquier plan de manejo de dinero debe reflejar y adecuarse a lo que ocurre en tu vida, y la vida no es estática: día a día enfrentamos cambios en nuestros objetivos: lo que en cierto momento parece fundamental conseguir, un año después puede parecer vano o innecesario; en nuestras necesidades, pues no es lo mismo las finanzas de los tres mosqueteros que veinte años después; en tu situación familiar, o simplemente en tus gustos y preferencias.

Tercero, porque **el mundo cambia.** Tan dinámicos como son los cambios en tu vida, aún más son los de los mercados financieros. Cada minuto hay eventos políticos, sociales, y sobre todo económicos, que afectan el movimiento de las distintas variables financieras. Si bien las decisiones no se deben tomar con base en los movimientos o situaciones momentáneos, como guerras, acontecimientos políticos o rumores, existen cambios fundamentales que van transformando las tendencias de los mercados de largo plazo y que debes tomar en cuenta para ajustarte a ellos.

Ir ajustando periódicamente tu plan financiero es una parte fundamental del plan financiero en sí. Utilizar un plan que ya no se ajuste a tu persona o a la situación no solo es poco efectivo, también puede ser peligroso ya que te da un falso sentimiento de seguridad al hacerte creer que estás protegido cuando en realidad te vuelves más vulnerable a, precisamente, los riesgos que quieres evitar.

¿Cómo recalcular? ¿Qué otras cosas tengo que hacer? Irónicamente, tienes que hacer **lo mismo.** Seguir el camino del plan original. Los mismos pasos, los mismos formatos.

Empieza por verte en el espejo financiero, analizar (por escrito, como hemos dicho) los cambios que han habido —positivos y negativos— en tu vida y en tu vida financiera, hacer cuentas y fórmulas.

Después haz una nueva lista de objetivos y plantea las nuevas estrategias que necesitas para ahorrar, para manejar la deuda y para protegerte.

La teoría siempre es la misma, lo que cambia es la práctica. El procedimiento es el mismo, los formatos son los mismos, lo que va cambiando es lo que tú apuntas en ellos.

## Si revaluar cada seis o doce meses es bueno, ¿revaluar cada mes es mejor?

¡Falso! Hacer cambios demasiado seguidos no solo es complicado (imagina todo el tiempo que tendrías que dedicar), sino que también puede ser contraproducente. El cambio constante de objetivos, los movimientos erráticos en tus inversiones, o los "brincos" en tus planes de seguros y testamentos impiden maximizar el rendimiento de tu planificación financiera. Por supuesto que existen casos en los que la situación amerita hacer cambios antes de lo planeado, pero debes procurar —en la medida de lo posible— que todas tus decisiones sean cuidadosamente analizadas y pensadas antes actuar, para así evitar corregirlas. Aun cuando enfrentes una crisis extraordinaria que implique forzosamente un cambio radical, toma las decisiones con cabeza y con cautela. (Vuelve a consultar la *Parte 1. Rómpase en caso de emergencia*).

# Cada cuánto revaluar

| | |
|---|---|
| Situación financiera | Cada año |
| Metas y objetivos | Cada año |
| Presupuesto | Cada seis meses |
| Análisis de deudas | Cada año |
| Estrategia de inversión | Cada seis meses, a menos de que ocurra un evento trascendental que cambie la dirección del mercado. |
| Seguros | Cada vez que venza la póliza, en caso de algún evento extraordinario, o al adquirir un nuevo bien que se deba asegurar. |
| Planes testamentarios | Cada cinco años, o ante cualquier evento extraordinario, como el nacimiento de un nuevo miembro de la familia, un cambio radical en la situación financiera o ante cualquier cambio de preferencias. |

Ahora sí tu plan financiero está listo.

Tienes tu punto de partida.

Tienes tu punto de llegada.

Tienes la ruta.

Tienes las armas para recalcular.

Es el momento de sacarle el máximo jugo posible: ¡A perfeccionar!

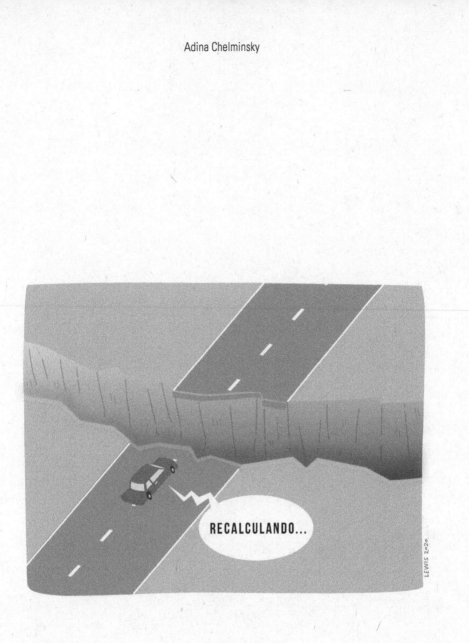

# PARTE 3
## PERFECCIONA TU PLAN FINANCIERO

*Hacerlo es mejor que buscar la perfección.*
**Sheryl Sandberg**

YA TIENES LISTO tu plan financiero básico. Estás ahorrando, manejas bien (o por lo menos, mejor) tus deudas y estás protegido. Ahora es momento de llevar tu dinero al siguiente nivel con cinco estrategias que harán que tus finanzas personales sean mejores, más enfocadas, con mayores rendimientos, y te permitirán tener una relación monetaria más sana con tus seres queridos.

Estas estrategias son:

- $ Aprender a invertir.
- $ Aprender a planear y a hacer tus sueños realidad.
- $ Aprender a usar los diferentes medios de pago y crédito.
- $ Aprender a hablar de dinero con tus seres queridos.
- $ Aprender a organizarte.

No es necesario que sigas un orden. Lee las secciones en el orden que más te interese o que más creas necesitar.

## Estrategia 1. Ahorrar no es suficiente… Aprende a invertir

### Ahorro-Inversión-Especulación

Muchas veces pensamos que invertir es lo que hacen los ricos y ahorrar es lo que hace la gente normal.

FALSO.

Aunque muchas veces los utilizamos como sinónimos, ahorrar no es sinónimo de invertir; entre ambos conceptos existe una gran distancia, la cual puede marcar una gran diferencia en el provecho que sacamos a nuestro dinero.

$ **Ahorrar** es simplemente guardar dinero para utilizarlo después (en una alcancía, abajo del colchón, en una cuenta bancaria básica); algo muy útil para gastos inesperados pero fatal para hacer crecer tu riqueza, pues los intereses que generan los ahorros generalmente son mínimos o inexistentes, por lo que muchas veces ni siquiera alcanzan a cubrir el incremento en precios que se da con el paso del tiempo (la inflación) y, por lo tanto, tu dinero cada vez te alcanzará para comprar menos.

$ **Invertir** es hacer crecer la cantidad de dinero que tienes al "depositarlo" en diferentes tipos de instrumentos, ya sean financieros, compra de bienes raíces, o destinarlo a un negocio propio o en sociedad. Al invertir, tu dinero recibe ganancias que te permiten, uno, proteger su valor, que mantenga su poder de compra a lo largo del tiempo, y, dos, que crezca y te posibilite incrementar tu riqueza.

Aunque no son lo mismo, ambos conceptos son insepa-rables. Es imposible hablar de inversión si no se cuenta con los fondos ahorrados para *poder* invertirlos. Ahorrar es el primer paso, pero limitarse al ahorro solamente es "quedar-se corto", ya que desaprovechas una forma relativamente fácil y segura (dependiendo de los instrumentos elegidos) de hacer crecer el valor de tu dinero, y con ello cumplir con tus metas y objetivos más rápidamente. Todo lo que ahorras, o la mayor parte, lo debes utilizar para invertir.

El otro extremo de la moneda es la especulación: invertir de una manera, mediante diferentes estrategias, con la po-sibilidad de obtener grandes ganancias asumiendo grandí-simos riesgos. Puedes ganar muchísimo dinero..., pero pue-des perder hasta la camisa.

Ahora bien, especular no es malo, pero debe hacerse a conciencia: ya seas un inversionista experto o que destines a ello solo una cantidad de dinero que, en el peor de los ca-sos, estarías dispuesto a perder.

*Un buen consejo*: Procura tener todas tus cuentas en una, o máximo dos, instituciones bancarias o financieras para fa-cilitar su manejo y administración.

Ahorro → Inversión → Especulación

Cuenta de emergencia — Ahorro para sueños y objetivos — Ahorro para el retiro

¿Cómo elegir una cuenta para tus ahorros? Es bastante fácil. Estas cuentas no tienen como objetivo ganar dinero sino proporcionarte un servicio, así que las debes elegir no por las ganancias que recibes sino por su comodidad y servicio, que deben ser máximos, y por sus comisiones, que deben ser las mínimas posibles. Dado que las tasas de interés que ofrecen son generalmente muy bajas, procura mantener guardadas en ellas la menor cantidad de dinero posible, solo el necesario para cubrir tus gastos.

¿Cómo elegir mis inversiones? Eso es simple pero no sencillo. Tienes que entender qué es lo que debes buscar y hacer caso a ciertos secretos de sabiduría financiera.

Vamos paso a paso.

## ¿En qué te debes de fijar al invertir?

Muy bien, te convence eso de las inversiones. Antes de decidir adónde o en qué instrumentos invertir, necesitas conocer los parámetros para medir si una inversión es buena o mala.

O más bien dicho, no hay inversiones buenas o malas. Lo que tienes que saber es si una inversión es adecuada para ti.

Muchas veces nos "venden la idea" de que debemos tomar nuestras decisiones de inversión solamente con base en lo que nos da a ganar cada instrumento. Entre más me dé a ganar, mejor es. Esto es completamente falso. Lo primero que debes tomar en cuenta es si un instrumento de inversión es bueno para ti, si se adapta a tu carácter, a tu situación, a tus objetivos.

Si decides que lo es, necesitas, además, analizar cuatro aspectos de cada inversión que vas a hacer.

⑤ **Fíjate en... #1. Rendimiento**. *¿Cuánto te va a dar a ganar la inversión?*

Es el beneficio o la ganancia que el instrumento ofrece y que se mide como un porcentaje de la cantidad original que inviertes. Si inviertes 100 pesos y ganas 10, el rendimiento es del 10%.

Puedes tener rendimientos por tres razones:

1. *Intereses*, que es el pago que recibes por "prestar tu dinero" a una empresa, al banco o al gobierno.

2. *Ganancias de capital*, es decir, el aumento en el valor del instrumento: la diferencia en el precio cuando compras una acción, un fondo de inversión o una casa y cuando la vendes. Pueden ser negativas si el precio es menor cuando vendes.

3. *Dividendos*, que son el pago en efectivo de las utilidades que una empresa reparte a sus accionistas.

Para calcular los rendimientos debes tomar en cuenta (y restar) cualquier costo o comisión que estos tengan.

⑤ **Fíjate en... #2. Riesgo.** *¿Qué posibilidad hay de que el rendimiento que esperas no se haga realidad?*

Riesgo es la posibilidad de que lo que esperamos que suceda, por ejemplo, las ganancias que buscamos recibir, no ocurra. Entre más riesgosa es una inversión, mayor es la posibilidad de que no pague el rendimiento que esperamos.

Cuidado, el riesgo es inevitable, es una parte inseparable de los mercados financieros: **No hay inversión sin riesgo,** aun cuando existen instrumentos cuyo riesgo es tan pequeño que se considera prácticamente inexistente. En términos generales, los instrumentos más riesgosos ofrecen mejores rendimientos, pero también existe una posibilidad mayor de que estos no se conviertan en realidad. A mayor rendimiento, más riesgo.

💲 **Fíjate en… #3. Plazo**. *¿Cuándo puedo convertir ese instrumento en efectivo y voy a ver sus ganancias?*
Es la cantidad de tiempo en la que vas a recibir la ganancia de tu inversión. Existen inversiones que tienen un plazo fijo y se convierten en efectivo en una fecha determinada, y otras que no tienen un plazo fijo, que puedes vender y convertir en efectivo en el momento en que tú decidas.

Se considera corto plazo a las inversiones menores a tres meses; mediano plazo a las que duran entre tres y doce meses, y largo plazo a las que toman más de un año.

Generalmente, cuanto mayor es el plazo mayor es el rendimiento que los instrumentos ofrecen, ya que es más difícil predecir qué va a pasar en los mercados con el paso del tiempo, y por lo tanto existe más riesgo.

💲 **Fíjate en… #4. Liquidez.** *¿Qué tan fácil es vender la inversión y convertirla en efectivo?*
La liquidez es la capacidad de convertir un instrumento financiero en efectivo. Qué tan fácil es vender una inversión si ya no la quieres o por alguna razón te quieres deshacer de ella, ¿encuentras rápidamente a quién venderla? Entre más líquido es el instrumento mayor es la facilidad de convertirlo en dinero en efectivo. Un instrumento poco líquido puede ser menos atractivo para los inversionistas.

# Secretos de un inversionista exitoso... Tú, sí, tú

A Warren Buffett, quizás el inversionista más famoso de la historia, un día le preguntaron si podía explicar su éxito en las inversiones en una sola frase. Contestó: "El éxito en las inversiones se resume en comprar barato y vender caro". Y después de unos segundos de silencio, agregó: "Ahora, si quieres saber qué es comprar barato y qué es vender caro, para eso necesitas toda una vida".

Los siguientes consejos son las mejores prácticas de inversión, pero las vas a tener que adoptar, ensayar y afinar de acuerdo con quien eres, lo que quieres y lo que necesitas. El éxito en las inversiones depende de una mezcla de conocimientos, experiencia y una pizca de suerte.

Puede ser que palabras o términos como "inversiones" o "estrategia de inversión" suenen muy sofisticados, o que necesitas muchos ceros en tu cuenta de banco para llevarlas a cabo. ¡Para nada! Toda acción consciente que hagas para invertir es una estrategia de inversión. Y son estas estrategias las que van a potencializar tu dinero al máximo.

## 1. Invierte según tu perfil

No todas las inversiones son para todas las personas; el mismo instrumento que puede ser ideal para un joven soltero y agresivo puede convertirse en un peligro para un adulto mayor, jubilado y conservador. Toda decisión de inversión debe hacerse de acuerdo con *tus* características y necesidades particulares, o sea, con tu "perfil de inversionista".

Por regla general, los perfiles de los inversionista se dividen en tres: **Inversionistas conservadores** (la frase que los define es: "Más vale pájaro en mano...") y su objetivo principal es conservar el valor de sus inversiones. Prefieren ir a lo seguro y correr la menor cantidad posible de riesgos; su énfasis debe ser en la renta fija.

El segundo tipo son los **inversionistas equilibrados** (la frase que los define es: "Ni tanto que queme al santo ni tanto que no lo alumbre"). Privilegian la seguridad en sus inversiones, pero están dispuestos a asumir un poco más de riesgo para obtener mayores rendimientos. El énfasis de su portafolio debe ser encontrar un equilibrio entre los instrumentos de renta fija (una mayor parte) con ciertos instrumentos de renta variable que les permitan rendimientos más altos.

Y por último, el **Inversionista agresivo** (la frase que lo define es: "Toda la carne al asador"). Lo que busca es crecimiento y está dispuesto (ya sea por su juventud o su carácter) a asumir un poco de riesgo, esperando tener los máximos rendimientos. Su portafolio debe privilegiar instrumentos de renta variable e inversiones alternativas, sin olvidar incluir ciertos instrumentos de renta fija.

Tu perfil depende de tres cosas principales.

- ⑤ **Tu edad y condiciones.** Mientras más joven seas y más tiempo falte para tu jubilación, mayores riesgos puedes asumir en tus inversiones. Por el contrario, mientras más responsabilidades tengas, más conservadoras deben ser tus decisiones. Igualmente, entre más variable sea tu ingreso o más responsabilidades familiares tengas, más conservador debes ser.
- ⑤ **Lo que piensas hacer con el dinero.** No es lo mismo diseñar una estrategia para pagar la universidad de tus hijos (un gasto fundamental), que el que necesitas para un viaje.
- ⑤ **Tu carácter.** Hay personas que naturalmente toleran (es más, buscan) mayor riesgo en sus inversiones a

cambio de mejores posibilidades de rendimientos, mientras que otras prefieren tomar decisiones más mesuradas.

## Tu perfil no es estático

Por otra parte, tu perfil va cambiando por varias razones; no es lo mismo un inversionista exitoso que veinte años después. Más que cualquier otro factor, tu portafolio de inversión debe reflejar las necesidades propias de tu edad. El riesgo, y por ende el tipo de inversiones, que puede asumir un joven soltero de 30 años, que tiene 30 o 35 años de ingresos por delante, no es el mismo que el de un adulto de 60 que esté a pocos años de jubilarse.

Existen diversas fórmulas para definir, de acuerdo con tu edad y tu perfil de inversionista, cuál es el porcentaje de tu dinero que debe invertirse en instrumentos de renta fija (como bonos o fondos de inversión de deuda), y el porcentaje que debe invertirse en renta variable (acciones, fondos de inversión de renta variable e instrumentos especulativos).

| TIPO DE INVERSIONISTA | % DE TU PORTAFOLIO EN RENTA FIJA | % DE TU PORTAFOLIO EN RENTA VARIABLE |
|---|---|---|
| Conservador | Tu edad | 100 – tu edad |
| Equilibrado | Tu edad – 5 | 105 – tu edad |
| Agresivo | Tu edad – 10 | 110 – tu edad |

Por ejemplo, si tienes 35 años y eres un inversionista conservador, tu portafolio debe estar compuesto por 35% de instrumentos de renta fija y 65% de renta variable.

Independientemente de si quieres seguir al pie de la letra los parámetros del cuadro anterior, es un hecho que *tus inversiones deben volverse más conservadoras* con el paso de los años.

## 2. Hay que estar pendiente

Las inversiones no son un pastel que metes al horno y te olvidas de él hasta que necesitas comértelo.

Aun cuando no inviertas en instrumentos que requieran una compra y venta constante, es importante que una vez al mes revises tu estado de cuenta para ver su desempeño, ¿Tienes algún vencimiento que necesitas reinvertir? Es importante que cada 6-12 meses lo revises a fondo. ¿Necesitas cambiar algo? ¿Vender algo? ¿Probar alguna estrategia diferente?

Además, cada cinco años (o antes, si tienes algún cambio importante en tu vida personal, profesional o simplemente en tus preferencias)    es importante reexaminar tu perfil como inversionista, tus objetivos y tus necesidades para poder diseñar una nueva estrategia de inversión.

## 3. Cuanto antes empieces, mejor

Una persona de 45 años que invierte en una cuenta de banco $10,000 pesos, obtiene al momento de su retiro (20 años después) $46,609 pesos. Un joven previsor que a los 25 años invierte esa misma cantidad de dinero, bajo las mismas condiciones, obtiene al jubilarse (40 años después) ¡$217,245 pesos!

La lección de este ejemplo es simple: *el mejor aliado de un inversionista es el tiempo.* El paso de los años permite al dinero invertido crecer de manera exponencial. No dejes para mañana lo que puedes empezar a invertir hoy.

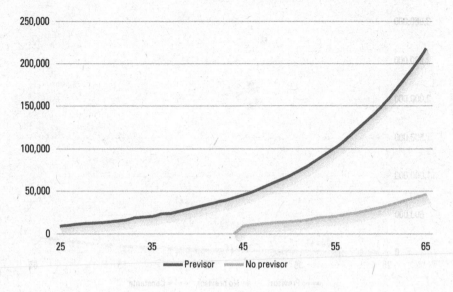

**...Y si además eres constante, mucho mejor**

Ahora, si el mismo joven del ejemplo anterior (el que empezó a ahorrar a los 25 años) además de previsor es constante y logra cada año invertir $10,000 pesos, al momento de jubilarse va a tener en su cuenta ¡$2'807,810 pesos!

Otra lección evidente: cuanta mayor prioridad le des al ahorro y a la inversión a lo largo de tu vida, mejores —e incluso impresionantes— van a ser los resultados que obtengas. *Pequeños ajustes o sacrificios en la vida diaria se acumulan, con el peso del tiempo, en grandes beneficios para tu patrimonio.*

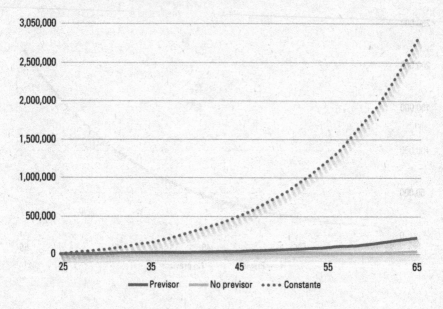

### …Y si además reinviertes tus intereses, ¡wooooooooow!

La mejor manera de maximizar la ganancia de tus inversiones es reinvirtiendo las utilidades. Si tienes un pagaré, un bono u otro instrumento que te da ganancias periódicas (cupones, intereses, dividendos), no te las gastes. En su lugar opta por reinvertirlas —ya sea en su totalidad o por lo menos en una parte— junto con el resto de tu dinero para, literalmente, poder *obtener intereses de tus intereses*.

Imagina que a los 35 años compras un pagaré o un bono a 20 años por $10,000 que cada año te da 8% de interés, por lo que anualmente recibes 800 pesos de intereses. Si gastas este dinero cada vez que te lo entregan, al final del plazo habrás gastado un total de $16,000 pesos (800 pesos x 20 años), es decir, el beneficio que vas a tener de tu inversión será de $16,000.

Ahora, imagina que en lugar de gastar esas utilidades las reinviertes en el mismo instrumento. O sea, al segundo año reinviertes los $800 que te dio el año anterior, y así, cada año. Al final del plazo tendrás $36,610 adicionales.

Tercera lección: si no tocas el dinero que tienes invertido y le permites crecer, vas a tener grandes premios.

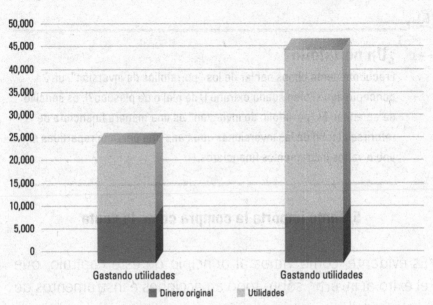

## 4. No pongas todos los huevos en la misma canasta

El secreto más conocido, y muchas veces omitido, de los inversionistas exitosos es una palabra: *diversificar*. Esto significa repartir el dinero entre instrumentos financieros de diferentes características: un poco en acciones, un poco en bonos, un poco a largo plazo, un poco a corto. Elegir "un poco de todo" te permite en el largo plazo conseguir mayores ganancias y menores riesgos, ya que en caso de que alguno de los instrumentos que elegiste tenga resultados desfavorables, podrás compensarlo con la buena evolución de los otros.

Mucho ojo: diversificar no implica pulverizar tu portafolio. No es cuestión de elegir decenas de productos diferentes nada más por tener diversidad, sino encontrar una combinación de instrumentos que se complementen entre sí. Es mejor elegir entre cinco o siete instrumentos que se optimicen mutuamente, que un portafolio de 25 inversiones diferentes que no tenga ni ton ni son.

## ¿Un portafolio?

Frecuentemente oímos hablar de los "portafolios de inversión", un concepto que si bien suena extraño (¿de piel o de plástico?), es sencillo de entender. El "portafolio de inversión" es una manera financiera de referirse al total de las inversiones que tiene una persona repartidas en uno o varios instrumentos financieros.

## 5. Tanto importa la compra como la venta

Es evidente, como vimos al principio de este capítulo, que el éxito al invertir, sobre todo en acciones e instrumentos de renta variable o en bienes raíces, depende tanto de una buena compra como de una buena venta; sin embargo, la gran mayoría de los consejos que recibimos al invertir tienen que ver con la primera parte: ¿Dónde invertir? ¿Qué comprar? ¿Cuándo comprar? Casi nadie habla de lo importante que es una buena venta: ¿Cuándo vender?

He aquí algunos consejos para hacerlo correctamente.

- $ Vende con calma. Incluso en la situación más desesperada, si tienes que vender por alguna crisis personal, nunca pierdas la cabeza.
- $ Cuando haya una crisis en el mercado, evalúa bien si la mejor estrategia es vender o esperar a que pase la tormenta.
- $ No condenes tu inversión desde un principio. Elige inversiones de calidad: ni la mejor estrategia de venta salva una mala compra.

- No te dejes llevar por las emociones: se vende con la cabeza, no con el corazón.

- Inversiones como bonos y deuda tienen una fecha fija de vencimiento; si estás a gusto con ellas, no las vendas y consérvalas hasta su pago.

- Oye consejos, pero confía sobre todo en tu voz interna.

- En muchos instrumentos, particularmente en los fondos de inversión, el rendimiento es mejor cuando los mantienes por un mediano o largo plazo; aguanta los altibajos para maximizar tu rendimiento.

## 6. Las tasas sí importan

Puede ser, y lo hemos dicho varias veces, que las inversiones no solo deben hacerse con base en lo que te da buenos rendimientos, pero SÍ deben hacerse con base en lo que te da buenos rendimientos. Puede parecer una contradicción, pero no lo es.

Las diferencias entre tasas, que pueden parecer mínimas en términos porcentuales (7.0% es casi lo mismo que 7.5%), se traducen en grandes cantidades de dinero, sobre todo con el paso del tiempo. Esto no quiere decir que olvides tu perfil de inversionista o que deseches el principio de diversificación, sino que debes esforzarte y trabajar para encontrar los instrumentos y las estrategias que te permitan obtener los mejores resultados posibles.

La misma inversión de $10,000 pesos te da resultados completamente diferentes si lo haces al 5%, 10% o 15% por 10 años ($15,000, $23,000 o $35,000 pesos, respectivamente).

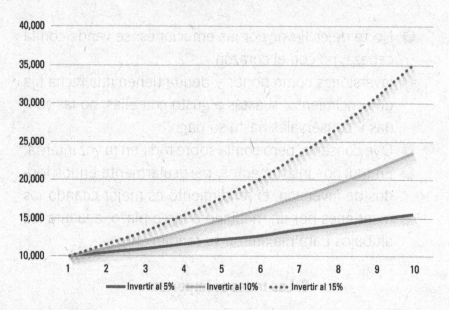

Invertir al 5%   Invertir al 10%   Invertir al 15%

## 7. No olvides los detalles

Cuando decidas comprar o vender algún instrumento, *fíjate muy bien en los pequeños gastos;* esos centavos pueden marcar la diferencia de lo que ganas: los costos de la transacción (que pueden variar según diferentes escenarios), las comisiones y/o los impuestos que pueden generar. Lee la letra pequeña. Antes de comprar cualquier instrumento de inversión averigua (es más, pregunta directamente) sobre las comisiones, cuotas de administración e impuestos que debes pagar. Estos cobros varían según el tipo de instrumento, la institución que te atienda y/o el tamaño de tu cuenta y operaciones.

### La regla del 72
¿Cuánto tardaré en duplicar el valor de mis inversiones? Fácil. Divide 72 entre el rendimiento (tasa de interés) que recibes anualmente:

| Si ganas 4% | Tardarás en duplicar tu dinero | 18 años |
|---|---|---|
| Si ganas 6% | Tardarás en duplicar tu dinero | 12 años |
| Si ganas 10% | Tardarás en duplicar tu dinero | 7.2 años |
| Si ganas 12% | Tardarás en duplicar tu dinero | 6 años |

## 8. Busca servicio

Solía ser, en el pasado remoto, cuando no existía Internet, que para invertir en cualquier instrumento necesitabas ir físicamente al banco o institución financiera y apoyarte en un asesor financiero (habían de muchísimos tipos, desde los ejecutivos de escritorio del banco hasta banqueros privados) que se encargaba de todo.

Hoy, además de la opción anterior, existe la posibilidad de hacerlo tú mismo por la vía de portales en línea que te permiten comprar, vender y organizar tus inversiones.

Sea el que sea que elijas, tienes que privilegiar el servicio que te otorgan.

Los bancos, las casas de bolsa, las gestoras de fondos y el resto de las instituciones financieras físicas o en línea no se deben solo calificar por los productos que ofrecen (en mayor o menor medida, todas las instituciones ofrecen productos similares), sino por la atención y asesoría que brindan.

Si tienes un asesor en "persona", fíjate en tres cosas importantes:

Primero, por sus bases: no lo debes escoger porque te "cae bien" (aunque la buena relación es un ingrediente vital), sino porque tiene la capacidad y la preparación para que alcances tus objetivos de inversión.

Segundo, por su respaldo. Un asesor debe ser parte de un equipo de trabajo, ya sea porque pertenece a una institución reconocida (un banco, una casa de bolsa, etcétera), o porque, siendo independiente, mantiene una estrecha colaboración con otros profesionales.

Y por su servicio: la capacidad que tiene de verte como un cliente a quien ofrecer soluciones que sean las mejores para ti, y no en beneficio de sus ventas, y por aclarar todas tus dudas y necesidades de manera rápida, paciente y atinada.

Si trabajas con un portal virtual, verifica cuatro cosas:

Primero, la experiencia de usuario que provee, qué tan fácil es navegar en su página o su *app* y qué tan cómodo e intuitivo es tomar decisiones y actuar en ella.

Segundo, qué tan buenas son sus herramientas de educación financiera para que puedas entender todos los instrumentos que ofrecen, sus pros y contras, y la letra pequeña de todas sus acciones.

Tercero, por sus sistemas de atención al cliente. ¿Por qué medios los ofrecen? ¿Cuál es el plazo máximo de respuesta? Si tienes algún problema, ¿cómo puedes escalar los problemas?

Y por último, pero no por eso menos importante, la ciberseguridad que manejan para proteger tu cuenta y tu dinero.

## 9. Algunos *tips* de estrategia financiera

Estrategias financieras hay millones; cada inversionista jura que una u otra *es la buena, la mejor, su favorita, la clave de su riqueza.* Poco a poco vas a ir encontrando las tuyas, lo que te gusta, lo que te funciona. Ninguna estrategia personal es buena o mala (mientras sea legal), sino si se adapta o no a ti.

Habiendo dicho esto, hay cuatro estrategias "de cajón" que todo inversionista debe tomar en cuenta para cuidar *su* dinero.

## No hay tal cosa como un almuerzo gratis

Si te ofrecen, u oyes anunciado algún producto o servicio financiero (desde una cuenta hasta un crédito), con "cualidades únicas y excepcionales", lo primero que debes hacer es prender el botón de la duda en tu cerebro. Pregúntate qué hay detrás de esas tasas increíbles o de esas condiciones sin precedente; quizá sean comisiones escondidas o restricciones particulares, o tal vez aplican solo si compras también productos adicionales que no quieres y/o no necesitas, o quizás el nivel de riesgo sea enorme, o quizá sea un fraude.

Esto no implica que rechaces automáticamente esa oferta, sino que la estudies con los ojos bien abiertos y que estés consciente de los detalles. En el mundo financiero es particularmente importante ser un consumidor informado y vigilante.

## No juegues juegos que no sabes jugar

Te presumen que comprar derivados del dólar neozelandés es la mejor inversión de la vida, pero tú no tienes ni la menor idea de lo que es un derivado. ¡Alto! Jamás inviertas en instrumentos que no sabes cómo funcionan; esto incrementa el riesgo al que expones tus inversiones: la ignorancia es la manera más fácil de perder dinero. Si te interesa invertir en un instrumento "diferente" de lo que estás acostumbrado, dedícate primero a entender de qué se trata y los riesgos que implica, y después invierte en él una cantidad de dinero mínima para poder ir entendiendo poco a poco en la práctica cómo funciona.

### No pretendas inventar el hilo negro

El único secreto comprobado para tener éxito es seguir una estrategia disciplinada y metódica que se vaya adaptando al movimiento y las tendencias de los mercados, al cambio de tus necesidades a lo largo del tiempo, y a que esta te dé resultados moderados pero consistentes. Los mercados financieros no son el lugar para hacerse millonario (pretender esto expone tu portafolio a una enorme cantidad de riesgo), sino un arma para maximizar el valor de tu patrimonio.

### No busques el último centavo

Invertir es algo que se debe hacer con la cabeza, no con el corazón. Que no te gane la codicia; no arriesgues los pesos ganados en busca de algunos centavos adicionales. Cada vez que compres un instrumento de rendimientos variables, ten en mente un límite de ganancia (precio objetivo), y uno de pérdida (*stop loss*); en el momento en el que el precio del instrumento toque alguno de los dos extremos, véndelo, ya sea porque dio buenos frutos o porque ya no quieres seguir perdiendo. Evita perder el tiempo (y dinero) tratando de esperar el punto máximo para vender, o el mínimo para comprar; los mercados se mueven con una rapidez sorprendente y no siempre en la dirección esperada.

## 10. Evita las decisiones de pánico

Muchas veces los mercados, y por ende los instrumentos, enfrentan momentos de inestabilidad, ya sea por noticias del entorno financiero, acontecimientos políticos o desastres naturales que generan caídas en los precios o en los rendimientos. También hay momentos en que una crisis personal te hace perder la cabeza.

Grandes fortunas se han perdido por personas que al escuchar una noticia o enfrentar una crisis se asustan y deciden vender repentinamente todas sus inversiones, asumiendo grandes pérdidas..., o comprar instrumentos que ofrecen grandes rendimientos por la inestabilidad, solo para arrepentirse cuando las cosas retoman la normalidad, algo que ocurre generalmente más rápido de lo que se espera en el momento del "susto".

Evita al máximo tomar decisiones de pánico. Los eventos coyunturales que pueden alterar momentáneamente el mercado, o incluso tu vida, generalmente se regeneran. Si tomas una decisión presurosa lo más probable es que te arrepientas. Siempre que escuches noticias que te "asusten" mantén la calma y recuerda que la inversión exitosa es la que da resultados de largo plazo, no con base en lo que ocurra en un par de días.

Si estás ahorrando con un objetivo particular (un viaje, pagar estudios, etcétera), o basándote en una estrategia ya definida, continúa tu camino, *las decisiones de inversión siempre se deben hacer con base en tus necesidades y carácter particular*, y no pensando en lo que se espera en el corto plazo. Si tu horizonte de inversión es de mediano o largo plazo, puedes aguantar un poco la volatilidad y esperar a que "se calmen las aguas". Los momentos de mucha inestabilidad no son adecuados para hacer cambios radicales en tu portafolio.

Lo que debes hacer en este tipo de situaciones es analizar bien tus inversiones y abandonar solamente los instrumentos que consideres extremadamente riesgosos o inadecuados para el momento; trata de no venderlos de jalón; vende una parte, espera unos días y vende otra; así podrás ir midiendo cómo se desenvuelve la situación.

# El qué, cuándo, cómo y para quién de los diferentes instrumentos de inversión
## ...ordenados de menos a más riesgosos[3,4]

Puedes comprar y vender estos instrumentos mediante un banco, una institución financiera, plataformas de Internet, *apps*, empresas fintech, cajas de ahorro o uniones de crédito que ofrezcan servicios de inversión.

### Simbología

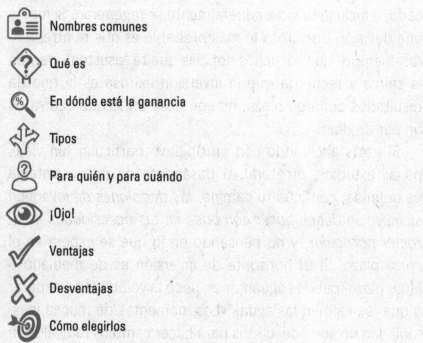

- Nombres comunes
- Qué es
- En dónde está la ganancia
- Tipos
- Para quién y para cuándo
- ¡Ojo!
- Ventajas
- Desventajas
- Cómo elegirlos

---

[3] En términos generales.
[4] En esta sección omitimos ciertos instrumentos de inversión, como inversiones en derivados, que no están ni al alcance ni en la estrategia de la mayor parte de los inversionistas iniciales.

## Inversiones bancarias tradicionales

 Instrumentos de ahorro bancario, pagarés, inversiones a plazo.

 El ahorrador (o sea, tú) deposita su dinero en el banco por un plazo fijo (7, 28, 90, 180, 360 días), al final del cual te regresan tu dinero más un "premio" adicional.

Al vencer el plazo, recibes el monto original más la tasa de interés pactada, ajustada por el tiempo que mantuviste tu inversión. La tasa de interés puede ser fija (8% anual) o ligada a un valor de referencia (Cetes + 2%).

 Los más comunes son Pagarés Bancarios, Certificados de Depósitos y otras cuentas de ahorro.

 Para los inversionistas más tradicionales, o para mantener tu dinero mientras encuentras la oportunidad de comprar algún otro instrumento de inversión.

No puedes disponer del dinero antes de que venza el plazo.

Completa seguridad: sabes cuándo y cuánto vas a ganar. Los montos mínimos para invertir en muchos de estos instrumentos son pequeños, lo que los hace accesibles a un gran número de personas.

Su rendimiento es mínimo y algunas veces no supera la tasa de inflación.

Elígelos con base en lo que ofrezca tu banco, según el monto mínimo y plazo que te acomode.

## Cetes Directo

 Cetes directo.

Cetes directo es una plataforma de Internet que le permite a cualquier persona invertir en instrumentos del gobierno mexicano (generalmente los más seguros)

de manera directa, o sea, sin necesidad de acudir al banco o una institución financiera, mediante el portal cetesdirecto.com

 En los intereses que te pagan al final del plazo o en instrumentos de mayor plazo, de manera periódica.

 Puedes invertir en instrumentos de gobierno (cetes, bonos, bondes o udibonos) con plazos que van desde 28 días hasta 5 años.

 Para los inversionistas más tradicionales, o para mantener tu dinero mientras encuentras la oportunidad de comprar algún otro instrumento de inversión.

 No todos los bonos son iguales, las tasas varían según el tipo de bono, el plazo y si están en UDIs o en pesos

 Es fácil abrirla, no pagas comisiones (ya que es una página directa del gobierno), puedes invertir desde $100 pesos y son instrumentos respaldados por el gobierno mexicano.

 Sus rendimientos son bajos; son un buen complemento a cualquier estrategia de diversificación.

Entre mayor sea el plazo que elijas (es decir, que tu dinero esté invertido más tiempo sin poderlo tocar) mayor es el rendimiento. En la medida de lo posible busca plazos largos.

### Fondos de inversión

Fondos de inversión.

Son instrumentos que reúnen el dinero de muchos inversionistas (propiamente en un fondo) e invierten el total en diferentes instrumentos financieros. Cada inversionista es dueño de una parte de ese fondo. Como el fondo que se junta es mucho mayor de lo que tú como persona puedes invertir, puedes acceder a muchos beneficios (diversificación, manejo profesional, etcétera).

Cuando los instrumentos que conforman el fondo suben de precio, el valor total del fondo se incrementa. Para el inversionista, la ganancia está en la diferencia entre el precio al que compra su participación en el fondo y el precio al que la vende. Algunos fondos llegan a pagar dividendos.

Existen cientos de fondos de inversión que se clasifican dependiendo de varias características:

- Según el tipo de instrumentos en los que invierta: renta fija, renta variable o ambos.
- Si tienen o no un rendimiento garantizado.
- Si su objetivo es a corto, mediano o largo plazo.
- Si son para que inviertan en ellos empresas o personas.
- Ligados o no a los índices de las bolsas, es decir, emulan el comportamiento de una variable.
- Si se pueden vender o no en el mercado de valores, lo que se conoce como ETFs.
- Si tienen estrategias de inversión simples o si utilizan estrategias más sofisticadas en su manejo.

Existen cientos de fondos en el mercado con estrategias adecuadas al perfil y las necesidades de los diferentes inversionistas y a los diversos panoramas económicos.

El historial de rendimiento de un fondo (lo que ha generado en el pasado) es meramente un indicativo del manejo que se le ha dado y no representa o asegura los rendimientos que va a tener en el futuro.

Aun cuando el fondo maneje cierta liquidez, no es recomendable utilizar estas cuentas como una chequera de donde sacar dinero cada vez que lo necesites. La mejor manera de maximizar las ganancias en este tipo de inversiones es dejando el dinero invertido por el "horizonte de inversión" que marca el fondo como recomendado, a menos de que veas señales claras de un cambio importante en el entorno que te haga revisar tu estrategia.

Ofrecen al inversionista una diversificación automática, acceso a instrumentos financieros muy particulares (a los que quizá no podría acceder de otro modo) y una estrategia y manejo profesional. En muchos fondos los montos mínimos que se requieren son relativamente bajos, lo que permite la participación de un mayor número de inversionistas. También existe ya la posibilidad de comprar fondos de inversión internacionales por medio de diferentes bancos e instituciones financieras mexicanas, lo que te da acceso a una diversificación aún mayor.

La gran cantidad de fondos que existen en el mercado, cada uno con características diferentes, puede crear confusión en el inversionista. Nunca inviertas en un fondo sin leer antes su "prospecto de inversión", en donde se explican todos los detalles sobre su manejo.

Decide primero el tipo de fondo de inversión que buscas (deuda, renta variable o cobertura) y después elígelo con base en su horizonte de inversión, calificación, monto mínimo, disponibilidad y rendimiento histórico.

## Instrumentos de renta fija

 Bonos, papel de deuda de empresas.

 Cuando el gobierno o una empresa necesitan dinero y le piden prestado al público inversionista. Ellos te prometen pagar en un plazo determinado ofreciéndote un premio adicional. Se conocen como papeles de renta fija, ya que el plazo y rendimiento que ofrecen son conocidos de antemano.

En los instrumentos de deuda puedes obtener ganancias de tres maneras:

a) El interés que pagan al vencimiento, ya sea a una tasa fija (8%) o a una tasa variable pero conocida (Cetes + 2%).

b) En algunos casos, el pago de intereses durante el plazo.

c) La diferencia entre el precio de compra y el de venta, si decides revender el instrumento a un tercero antes de su vencimiento.

En términos generales, los bonos emitidos por empresas pagan una mayor tasa de interés que los emitidos por el gobierno.

La clasificación de títulos de deuda depende de quién es el emisor, ya sea el gobierno, alguna institución pública o una empresa privada.

La renta fija es una parte muy importante de un portafolio de inversión bien diversificado. Dada la gran gama que existe en estos instrumentos (de diferentes emisores, con diferentes plazos, con diversos grados de riesgo), hay opciones para todo tipo de inversionistas.

Los rendimientos de los instrumentos se expresan en términos anualizados, es decir, representan lo que te darían si tu dinero estuviera invertido en el mismo instrumento durante todo un año. Por ejemplo, si la tasa de Cetes a 28 días se anuncia de 10%, tu ganancia efectiva en el plazo de inversión sería de 0.77%.

El rendimiento mínimo que uno debe buscar en un bono es la tasa de inflación. Sería inútil invertir dinero a diez años, por ejemplo, si no se puede mantener, por lo menos, el poder adquisitivo del dinero que se está invirtiendo.

En general ofrecen una mayor certidumbre, además de que son instrumentos sumamente líquidos, por lo que es fácil revenderlos en caso de necesitar efectivo. Invertir en bonos es una excelente alternativa de inversión tanto para el inversionista novato como para el experto, ya que estos instrumentos pueden adquirirse con fines de ahorro simple (lo que implica identificar una buena oportunidad, comprar el bono y guardarlo hasta el vencimiento), o con fines especulativos (comerciar los bonos como si fueran acciones, ganando una cantidad por la variación en los rendimientos y los precios).

No debes asumir que todos los instrumentos de deuda implican "cero riesgo". Mientras que los papeles del gobierno están respaldados y la posibilidad de incumplimiento es poca, los instrumentos de deuda emitidos por las empresas pueden no ser pagados si esta presenta algún problema o si la situación económica cambia radicalmente. Fíjate en las calificaciones que diversas empresas, como Standard & Poor's o Moodys, le dan a cada uno. Además, los montos mínimos para comprarlos en directo son muy elevados.

Para elegir instrumentos de deuda toma en cuenta lo siguiente: ¿quién los emite? (¿qué tan seguro es el emisor?), ¿cuál es la tasa de interés que te va a pagar? (¿es atractiva, considerando el riesgo y el plazo del instrumento, y comparada con las otras alternativas que existen en el mercado?), ¿cuál es el plazo?

(¿puedes y/o te conviene no disponer de tu dinero durante ese tiempo?), y la liquidez (¿puedes venderlos antes de tiempo, en caso de que sea necesario?). También puedes invertir en ellos de manera diversificada por medio de Fondos de Inversión de Deuda.

## El poder de las masas

La modernidad implica avances en la tecnología, y también enormes desarrollos de productos financieros que permiten llevar las inversiones a un número cada vez mayor de personas, ya que eliminan al sistema financiero como intermediario.

La parte más conocida son las plataformas para realizar inversiones, pero también existen productos y mecanismos nuevos que es importante conocer. Puedes utilizar estos productos tanto como instrumentos para fondearte (conseguir dinero de ahí), o para invertir y prestar tu dinero a cambio de algún beneficio.

Hablemos de dos.

El *peer to peer lending*, o préstamos persona a persona. Son plataformas que permiten a una persona prestar dinero a otra. Así de simple (y complicado). A través de la plataforma, la gente que necesita dinero lo pide; la gente que busca invertir encuentra los proyectos (que pueden ser con o sin pago de intereses), y la plataforma se encarga de organizar el pago y el repago. Una persona le presta a otra persona.

El otro instrumento es el *crowdfunding* o plataformas de financiamiento colectivo que son *apps* o sitios de Internet mediante los cuales las empresas establecidas o en nacimiento buscan conseguir dinero para nacer, crecer o para algún proyecto particular directamente del publico inversionista. Son pequeñas cantidades de un gran grupo de personas.

A través de estas plataformas las empresas pueden ofrecer productos de renta fija o productos de renta variable a los inversionistas y/o productos gratis o beneficios adicionales.

El riesgo de estos instrumentos varía enormemente, y como en todos los productos de finanzas alternativas, es fundamental que leas y entiendas todas las características y condiciones antes de invertir en ellos.

## Instrumentos de Renta Variable

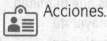 Acciones.

 Otra manera en la que las empresas consiguen dinero es dividiendo parte de la propiedad de la empresa en miles o millones de partes (acciones) y vendiendo una parte en los mercados financieros. El comprador de la acción se convierte en socio, aunque sea en una mínima parte, de la empresa (no, no puedes llevarte las sillas ni tomar decisiones). Una vez que las acciones están en el mercado se compran y venden entre diversos inversionistas. Su precio varía tanto por el desempeño real de la empresa como por cuánta demanda hay de sus acciones. Estos instrumentos se conocen como renta variable porque el plazo, el precio y el rendimiento no están predeterminados.

La ganancia en las acciones proviene de la diferencia entre el precio al que las compras y el precio al que las vendes, aunque también puedes tener beneficios adicionales si la empresa reparte una porción de sus utilidades —conocidas como dividendos— a sus accionistas.

 Existen muchas maneras de clasificar las acciones (por el tipo y tamaño de la empresa, por el sector al que pertenece, por la demanda que tiene la acción en el mercado, etcétera). Sin embargo, para decidir qué comprar se deben evaluar las características de cada acción en particular. En México puedes comprar tanto acciones de empresas mexicanas como algunas acciones de empresas internacionales que se venden aquí.

 Al contrario de lo que dice su fama (instrumentos para inversionistas ricos, agresivos y arriesgados), invertir en acciones es una parte fundamental de cualquier portafolio de inversión, sobre todo de los enfocados al largo plazo. Se pueden encontrar acciones y estrategias aptas para el inversionista más conservador o para el más atrevido.

Aun cuando puedan existir atractivos rendimientos en la inversión en acciones a plazos cortos, el mejor resultado se ve en el largo plazo, por lo que es mejor destinar a este mercado el dinero que no pienses usar por un tiempo considerable. Esto no quiere decir que debes conservar una acción en particular por tres años, sino que el portafolio destinado a estas inversiones debe mantenerse intacto por un buen tiempo.

Invertir en acciones NO es como apostar. Los juegos de azar se definen únicamente por las probabilidades; habrá gente con un poco de conocimiento para manejar estas a su favor, pero a fin de cuentas todo recae en la suerte. El precio de una acción se determina, sobre todo, por factores reales como el desempeño de la empresa, la situación económica y las condiciones del mercado, todos elementos cuantificables y previsibles.

Su ventaja principal es que ayudan a incrementar el rendimiento total de un portafolio diversificado; también permiten aprovechar diversas oportunidades que se puedan presentar en el mercado.

El monto mínimo necesario para comprar acciones es cada vez menor; particularmente la compra-venta de acciones por internet se puede realizar con un saldo relativamente pequeño (alrededor de $10,000 pesos). Además, se puede tener acceso al mercado accionario a través de los fondos de inversión de renta variable, cuyos mínimos oscilan entre $20,000 y $30,000 pesos.

 Para invertir en acciones hay que hacerlo con conocimiento de causa y con base en un análisis o recomendaciones serias. Jamás inviertas en una acción solo porque está de moda o porque "está muy barata" (consulta el cuadro siguiente **Mitos de las acciones**). Recuerda siempre, y toma muy en cuenta, la primera frase de "la letra chiquita" de los contratos financieros: "El rendimiento pasado no garantiza el rendimiento futuro".

 En México existen dos bolsas de valores, la BMV y BIVA. Sus productos se pueden comprar ya sea mediante un asesor de inversión o de manera directa por medio de plataformas en línea. NO todas las acciones son iguales; antes de invertir en alguna, estúdiala.

**¿Qué es el IPC?**

¡Subió la bolsa! ¡Bajó la bolsa! ¿Esto quiere decir que todas mis acciones subieron (o bajaron)? No, esta es una referencia al IPC, el Índice de Precios y Cotizaciones. El IPC es el indicador más importante del mercado accionario mexicano e incluye el precio de las 35 acciones más importantes que se comercian en la Bolsa Mexicana de Valores. El que, por ejemplo, el IPC gane 5% implica que el conjunto de acciones que conforman este índice subió 5%; puede haber algunas que hayan aumentado más, otras que hayan subido menos, incluso otras que perdieron valor. Aun cuando el IPC no incluye el comportamiento particular de cada acción que existe, permite darnos una excelente idea de la evolución del mercado en su conjunto.

BIVA, la Bolsa Institucional de Valores, un mercado más reciente, tiene un índice llamado FTSE BIVA, que enlista 57 empresas que cotizan en ese mercado.

## Inversión en divisas

 Compra de dólares o, en otros estilos y estrategias, Forex.

Es la compra y venta de monedas extranjeras con el fin de aprovechar los movimientos del tipo de cambio y obtener utilidades.

La ganancia se encuentra en la diferencia entre el precio de compra y el precio de venta.

La compra y venta de divisas con fines de inversión se da por tres mecanismos distintos:

- Comprar divisas, guardarlas y esperar a que suban de precio para poder venderlas (ojo con las implicaciones de seguridad al guardar efectivo en casa).
- Tener una cuenta de banco en dólares fuera del país y depositar ahí el dinero.
- Directamente, en el mercado de cambios internacionales Forex, en donde puedes hacer operaciones de arbitraje (aprovechando los diferenciales que existen entre los tipos de cambio de diferentes monedas), o de especulación (esperando los movimientos de un tipo de cambio en particular).

Invertir en divisas puede ser extremadamente conservador o extremadamente riesgoso, dependiendo de cómo se realice. Mientras que comprar divisas y guardarlas puede ser una alternativa para los inversionistas cautos y principiantes, participar en operaciones de derivados o en el Forex debe ser hecho exclusivamente por inversionistas experimentados.

👁 Una excelente opción para aprovechar los movimientos del tipo de cambio con menor riesgo es participar en algún fondo de inversión de cobertura cambiaria, los que se dedican específicamente a aprovechar el movimiento en el tipo de cambio peso-dólar y a proteger el valor de las inversiones en caso de algún movimiento drástico en el nivel del tipo de cambio.

✓ Permiten obtener utilidades, particularmente en momentos de inestabilidad cambiaria. Tener dólares en efectivo o fondos de cobertura te permite protegerte contra cambios drásticos en el tipo de cambio..

✗ Invertir en derivados del dólar o en el Forex es sumamente especulativo; se pueden ganar o perder grandes cantidades de dinero en muy poco tiempo. Generalmente son empresas que ejercen gran presión, lo que te despoja de la cautela y te hace tomar decisiones poco acertadas.

 Si decides especular con el tipo de cambio, debes averiguar y conocer perfectamente bien no solo los pormenores de la operación de estos mercados, sino la situación y expectativas del mercado de divisas. Solo invierte en este tipo de instrumentos el dinero que, en el peor de los casos, puedas solventar perder.

## ¿Cuándo compro dólares?

Una de las dudas más comunes de las personas es cuándo es el mejor momento para comprar dólares americanos. Esta preocupación viene de una época en la que vivíamos a merced de las constantes devaluaciones que acababan, una y otra vez, con el valor real de los ahorros, por lo que la gente buscaba protegerse comprando y guardando, muchas veces debajo del colchón, dólares americanos. Cómo bien dice el dicho: "La burra no era arisca, la hicieron a palos", por lo que mucha gente sigue poniendo un énfasis especial en la compra de dólares.

¿Siguen siendo un mecanismo de protección? Depende. Si los vas a guardar debajo del colchón, como inversión no es lo más recomendable. Lo que puedas ganar en diferencia cambiaria es mínimo comparado con los intereses perdidos y la posibilidad de que el dinero se extravíe. Como máximo, guarda una pequeña cantidad como reserva de emergencia, pero evita hacerlo como estrategia de ahorro.

Si los quieres comprar porque los vas a utilizar si vas a realizar un viaje, por ejemplo, o si necesitas hacer un pago en esta moneda, mientras más anticipes este desembolso, mejor, así podrás comprar la cantidad que necesitas poco a poco, promediando las variaciones que pueden haber en el tipo de cambio, o cuando veas una buena oportunidad, es decir, que sientas que el precio está en sus niveles más bajos y veas que te conviene comprar para un desembolso futuro.

Inversión en bienes raíces

 Inversión en casas, en bienes inmuebles, comprar casas para vender o rentar.

 Es la compra y venta de propiedades (casas, departamentos, espacios comerciales o terrenos) con el fin de recibir ingresos adicionales.

La ganancia de este tipo de inversiones está tanto en la diferencia entre el precio al que se compra la propiedad y el precio al que se vende, como en los ingresos adicionales que esta puede generar (pago de rentas u otros usos que se le dé al bien raíz).

Existen tres tipos de inversión en bienes raíces:

- Comprar una casa o departamento para vivir en él; considerarlo parte de tu patrimonio y en el momento de venderlo aprovechar que ha subido de valor.
- Buscar propiedades específicamente con el fin de comprarlas y revenderlas.
- Comprar propiedades para rentarlas y tener un flujo constante de ingresos.

Para poder invertir en bienes raíces se debe tener una importante cantidad de dinero disponible. Hacerlo por medio de créditos hipotecarios es una opción que debe considerarse con mucha cautela, ya que el alto costo del financiamiento puede disminuir radicalmente la ganancia esperada.

Invertir en bienes raíces implica costos adicionales que hay que considerar en el momento de calcular la ganancia, como mantenimiento de los inmuebles, escrituración, seguros, avalúos, gastos de construcción, etcétera.

Este tipo de inversión se considera uno de los más seguros que existe, pues pase lo que pase en el mercado el activo está físicamente presente y jamás perderá completamente su valor (esto, omitiendo casos extremos como temblores o inundaciones). Además, si compras el bien con la intención de vivir en él, tienes rendimientos más allá de los monetarios (formar un hogar y dar seguridad a tu familia)

Este tipo de inversiones son lentas de liquidar (convertir en efectivo), por lo que debes estar seguro de destinar en ellas dinero que no vayas a necesitar en un largo plazo.

 Elegir bienes raíces como inversión depende del uso que se le quiera dar al inmueble. Antes de comprar debes evaluar tanto el inmueble (sus características, uso de suelo, adeudos, problemas legales, etcétera) como la zona en la que está ubicado.

## Inversión en criptomonedas

 Invertir en cripto, invertir en monedas virtuales..., así como decenas de términos coloquiales.

En corto, porque es un tema larguísimo y apasionante. Las criptomonedas son un medio digital de intercambio (o sea, una moneda) que utiliza encriptación (o sea, la transmisión de su información de manera codificada o cifrada) para proteger las transacciones que se hacen con ellas, así como su robo o su doble utilización, y cuyas transacciones se registran por mecanismos que no dependen de una autoridad, sino que se autoverifican constantemente para ofrecer mayor seguridad y transparencia (lo que se conoce como el Blockchain).

La inversión en criptomonedas se hace comprando y vendiéndolas en los mercados especializados en comerciar cripto *(exchanges)*, y funciona como la compra y venta de acciones. Compras la moneda a un precio bajo con la visión de venderla a un precio más alto en un futuro que tú determinas.

Hasta hoy, estas monedas en su mayoría son emitidas no por gobiernos (como el resto de las monedas) sino por participantes privados.

Eventualmente, todas las transacciones financieras que hoy se hacen con monedas se van a poder hacer con cripto (inversiones, pagos, etcétera).

 La ganancia está en el diferencial del precio de compra y el precio de venta

 Hay más de 5,000 monedas cripto que se comercian en los mercados. Las más famosas son Bitcoin, Ethereum, XRP, Litecoin y Binance.

 Para inversionistas expertos o para invertir una pequeña parte de tu portafolio con fines especulativos,

 Cada uno de los *exchanges* es diferente. Revisa las condiciones, atributos de seguridad y comisiones de cada uno.

 Invertir en lo que muchos opinan que es el futuro de las finanzas.

 Hoy por hoy son inversiones muy especulativas dada su volatilidad, incomprensión por parte de muchos inversionistas y la especulación para determinar su precio.

 ¿Quieres invertir en cripto? Estudia, estudia, estudia.

## Invertir en un negocio

 Invertir en mi negocio, emprender un negocio nuevo, asociarme con un amigo...

 Destinar parte de tu dinero a capital productivo real, o sea, a empezar un negocio nuevo o a ayudar al negocio que ya tienes a crecer o sacarlo de un problema. También puede ser dinero que inviertas en el negocio de un amigo, o que juntos abran un negocio.

 La ganancia está en el beneficio que el negocio en sí te vaya a dejar: si percibes un sueldo, si le das empleo a más gente, si quieres hacer un negocio para

heredarlo, o en la ganancia que te va a dar ese negocio si lo llegas a vender.

 Hay tantos negocios como personas en el mundo, e incluso más ideas de negocios. No todas las ideas son buenas y no todos los negocios son viables.

Para las personas que ya tienen un negocio operando que necesita una inyección de dinero o para aquellas con una idea de negocio que creen que es viable.

Tienes que ser muy objetivo y pensar con frialdad para prestarte dinero. Tienes que evaluar si la idea de negocio es buena, si el momento es el adecuado, si tienes el conocimiento y el temple para llevar la idea a la realidad. Para un negocio en operación tienes que evaluar fríamente si es dinero bien invertido y si te va a resolver el problema.

Si el negocio es en sociedad tienes que evaluar muy bien la capacidad y relación con tu socio, y poner todas las aportaciones de dinero que hagas a la empresa, así como los detalles, por escrito y firmado por todos los socios.

Tu eres tu mejor inversión y un negocio propio tiene el enorme potencial de darte sueldo, ganancias de capital, un trabajo estable con posibilidad de que te dé ingresos cuando te retires, y también, de emplear gente y contribuir al desarrollo de México, rendimientos inconmensurables,

 Este tipo de inversiones son de alto riesgo, sobre todo por la falta de objetividad que usamos para evaluarlos (es juzgarte a ti mismo). Trata de no invertir en él todo tu dinero disponible, por mejor que sea la idea.

 Si decides ir adelante, busca asesoría y acércate a gente que te pueda orientar en sanas prácticas de negocio y en el sector de tu idea en particular.

### Prestar dinero entre particulares

 Préstamos personales a un amigo o familiar, invertir en el negocio de un amigo.

 Prestarle dinero a un amigo o conocido, ya sea para su uso personal o para un negocio que está haciendo.

 Depende del tipo de préstamo, ya sea devolverte el dinero con un interés adicional, un beneficio si llega a vender el negocio, o un rendimiento "emocional" por ayudar a alguien que lo necesita.

 Hay decenas de razones y de tipos de préstamos según las personas involucradas.

Prestar dinero entre particulares no solo es extremadamente riesgoso en términos financieros, sino que, también, pone en juego la relación personal que tienes con la persona.

Si decides hacerlo, TODO (montos, plazos y expectativas) debe quedar por escrito y firmado por ambas partes para evitar malentendidos. Si es una persona que te ha pedido dinero con anterioridad o que sabes que le ha pedido dinero prestando a mucha gente, el riesgo se multiplica.

Muchas veces te piden que, en vez de prestar el dinero, firmes como aval. Un aval es un idiota con una pluma.

 Ayudar a una persona.

 Enorme posibilidad de perder el dinero y la relación. Quizás existan mejores maneras de ayudar a la persona que te pide el préstamo.

En la medida de lo posible, evítalos. Busca ofrecer tu ayuda de otra manera que no involucre dinero.

## Estrategia 2. Cómo hacer tus sueños realidad

Cada cabeza es un mundo, y cada cartera también. Cada uno de nosotros tiene diferentes sueños o grandes planes que le gustaría cumplir; para algunos es poder brindar a los hijos una educación universitaria, para otros es un viaje, para todos (debería ser) tener un retiro cómodo y tranquilo.

Los detalles, la manera en que cada quien quiere ver realizados esos planes, también son completamente diferentes entre persona y persona; lo único (y no es poca cosa) que todos tienen en común es que se necesita dinero para poder hacerlos realidad.

La mejor manera para poder llevar a cabo todos los proyectos que cada quien tiene en mente es: ganarse la lotería, tener un tío millonario que te herede, o tener una buena planeación financiera. Las primeras dos opciones son virtualmente imposibles, pero la tercera está al alcance de todos.

Todos deberíamos planear con la máxima antelación estos gastos/gustos. El momento ideal para empezar a ahorrar es desde que la idea de "quiero hacer esto" llega a tu mente, sin importar si el momento de realizarla está a uno, cinco o cuarenta años de distancia. La previsión te permite no solo ahorrar la máxima cantidad de dinero posible, sino que te ayuda a tomar las mejores, y más tranquilas, decisiones para así poder disfrutar al máximo cada etapa de tu sueño, incluso el momento de pagar las cuentas.

Pero no todos los sueños son a futuro. También existen proyectos sorpresivos y repentinos, los que se nos ocurren hoy y queremos llevar a cabo lo antes posible, o gastos para los que *sabíamos* que *teníamos* que ahorrar, pero se nos olvidó y ya hay que empezar a pagar. Para esos sueños urgentes también existen estrategias, mediante el buen manejo de dinero, que permiten llevarlos a cabo de la mejor manera posible.

Sea un sueño de corto, mediano o largo plazo, apóyate en esta guía para comenzar a ver qué, cómo y cuándo hacer para lograrlo.

## Sueño 1. Mandar a mis hijos, o a mí, a la universidad

### Primero que nada: toma conciencia de su importancia... y de su costo

El mejor regalo, herencia o legado que le puedes dejar a tus hijos no tiene color, talla, peso en quilates ni medida en metros cuadrados, sino en letras y números: poder solventar, toda o por lo menos una parte, de su educación universitaria.

El mejor regalo que te puedes hacer a ti, y muchas veces un arma fundamental para conseguir mejores puestos en el trabajo, es TU educación continua.

El título de licenciatura y la constante renovación de habilidades se están volviendo cada vez más el requisito mínimo que se necesita para competir en el mercado de trabajo. Hoy, nuestros hijos —y nosotros— competimos por plazas ya no solo contra los compañeros de la misma ciudad o del mismo país; la globalización, un término tan comentado pero que parece tan ajeno, ha hecho que efectivamente los puestos que ofrecen las compañías muchas veces estén abiertos a gente de diferentes partes del mundo, todos con altas aspiraciones, capacitación de primer nivel y ambición de triunfar. Es hora de ponerse a estudiar.

Cierto, hay muchos otros factores que determinan el éxito en la vida profesional, pero el poder presentarse en la puerta de entrada con un título, e idealmente con estudios actualizados, indudablemente la abre a un mayor número de posibilidades.

A diferencia de otros legados que les podemos dejar a los hijos, o de bienes que nos podemos comprar, la educación es portátil, sirve en cualquier lugar del mundo y nunca pierde valor.

Sin embargo, este "regalo" trae consigo un alto precio. Los costos de las universidades privadas, tanto para licenciaturas, maestrías o diplomados, a nivel nacional —por no hablar de las internacionales—, son altos y van en constante aumento; y aunque es un hecho que existen universidades públicas en el país en donde el costo es mucho menor, y que la educación en el extranjero no es indispensable, estar preparado económicamente para realizar este gasto permite tener por lo menos la alternativa de asistir a estas instituciones, cuyo nivel y reputación es, en algunos casos, superior.

Si lo que quieres es pagar la universidad de tus hijos, averigua cuánto cuesta una carrera universitaria hoy y calcula el aumento en precios para cuando vayan a estudiar. Aun cuando no sepas qué y en dónde, te puede dar un estimado promedio de lo que vas a necesitar para pagarla en ese momento.

$$C \times ((1.05^n))$$

Esta sencilla fórmula (que toma en cuenta un número genérico de 5% de inflación anual) te permite saber cuánto es lo que vas a pagar por la universidad de tus hijos, en donde $C$ es lo que hoy cuesta una licenciatura de cuatro años, y $n$ el número de años que faltan para que tu hijo empiece la carrera.

Si lo que quieres es educación para ti, usa la misma fórmula, sustituyendo $C$ por el costo total de la carrera, diplomado, curso o maestría.

## 🖐 Opciones para pagarla

💲 **Pago en el momento.** Consiste en no hacer planes o tener ahorros específicos, ya que asumes que tendrás la suerte de poder hacerlo con tu ingreso corriente en el momento en que ellos empiecen su carrera. Un pequeño bemol: al elegir esta opción asumes, erróneamente, que no vas a enfrentar ninguna sorpresa o cambio en tu situación económica futura que dificulte o haga imposible pagar la universidad sin un colchón de por medio.

💲 **Ahorro general.** No tener una cuenta de ahorro específica para este fin ya que sientes que tienes, o tendrás, los ahorros suficientes para destinar una parte al gasto universitario. Esta alternativa es solamente para los ahorradores muy organizados, que son capaces de tener una sola cuenta de ahorros con la que podrán cumplir todos sus objetivos, y con la certeza de que no gastarán el dinero destinado para la universidad en otros fines.

💲 **Ahorro específico.** Tener una cuenta de inversión única y exclusivamente para los gastos universitarios, idealmente una para cada uno de los hijos. Este tipo de ahorro es ideal para la gente que, primero, es muy disciplinada y puede cumplir con el compromiso de depositar en esta cuenta una cantidad periódicamente (sin distraerse en otros gastos), y, segundo, para los inversionistas que tienen los conocimientos o cuentan con la asesoría para generar rendimientos más allá de la inflación y del aumento en las cuotas.

💲 **Seguros educativos.** Estos instrumentos, que están ganando popularidad en el mercado mexicano, consisten —-como bien dice su nombre— en seguros con los que, a cambio del pago de una prima mensual o anual, se obtiene una cantidad de dinero determinada en el momento en el que el joven empiece sus estudios (generalmente, entre los 18 y 25 años). Esta forma de ahorro es muy adecuada para quien busca una opción más estructurada que lo obligue a ahorrar. Además, ofrece (en muchos casos) seguros de vida o por invalidez, lo que garantiza que aun si el padre o tutor muere o es incapaz de cumplir con los pagos de la prima por accidente, su hijo reciba la cantidad pactada.

$ **Planes universitarios.** Ciertas universidades ofrecen opciones de prepago que permiten adquirir certificados de colegiatura a precios actuales para su uso futuro. Si hoy pagas un semestre, tienes cubierta la colegiatura de un semestre en el futuro. Esta es una buena alternativa para quien cuenta hoy con el dinero disponible para hacer el desembolso, y la certidumbre sobre el plantel al que asistirá su hijo. Por otro lado, el riesgo de "pérdida por inasistencia" es mínimo, ya que los certificados adquiridos pueden ser reembolsados al valor de la colegiatura vigente si no se utilizan.

## Toma en cuenta…

$ **Ponte a hacer la tarea.** Investiga y compara las diferentes opciones que tienes para ahorrar o financiar la educación de tus hijos. No tomes la primera alternativa que se te presente. Investiga qué ofrecen las diferentes instituciones y compara entre ellas antes de elegir la más adecuada.

$ **Tus hijos también pueden (deben)** ayudar a ahorrar para su educación. Aun cuando sientas que es tu obligación como padre, que ellos también contribuyan, ya sea con los regalos que reciben a lo largo de la vida o con su trabajo en su tiempo libre.

**$ Las apariencias engañan.** Puede ser que hoy veas a tus hijos pequeños, y quizás así los consideres siempre, pero el tiempo vuela y en un abrir y cerrar de ojos esos mismos tiernos niños que hoy están batallando para aprender a sumar 1 + 1 se van a convertir en adolescentes que necesitan dinero para inscribirse en la universidad. Nunca es demasiado pronto para empezar a ahorrar.

**$ Hazlo un proyecto familiar.** ¿Tienes abuelos, tíos u otros familiares que constantemente te dicen "no sé qué regalarles a tus hijos"? Proponles depositar la misma cantidad que se pensaban gastar en una cuenta especifica destinada a pagar la universidad; este puede ser el regalo más útil y duradero que les hagan.

**$ Ojo con los "subsecuentes".** Muchos padres planean cuidadosamente los gastos de universidad del primer hijo y olvidan planear para los demás, por lo que al llegar el segundo o tercer hijo a la universidad se dan cuenta de que simplemente "ya no hay dinero". Es fundamental establecer planes independientes para cada uno de tus hijos que te permita repartir, lo mucho o poco que tienes, entre cada uno de ellos y ofrecerles a todos las mismas oportunidades.

**$ Considera buscar ayuda.** En el dado caso de que no logres reunir todo el dinero que necesitas para pagar la universidad, considera, y solicita con anticipación los programas de becas y financiamiento educativo, muchas veces proporcionados por las mismas universidades. Si tus hijos tienen aptitudes específicas, ya sea académicas, artísticas o deportivas, incentívalas a lo largo de su vida, ya que estas pueden ser el boleto para ganarse gratis, o con importantes descuentos, su carrera universitaria.

Ⓢ **Y aún hay más.** Si la universidad a la que quieren asistir tus hijos, ya sea para la licenciatura o para estudios de posgrado, está fuera de tu ciudad, tienes que considerar los gastos extras que esta nueva vida va a implicar, ya sea para que aumente lo que necesitas ahorrar o para hacerlos a ellos responsables del trabajo que van a tener que hacer para poder solventarlos.

Ⓢ **Nunca digas que no.** Si después de la licenciatura tus hijos tienen la inquietud de hacer estudios de posgrado, empújalos a que los hagan. Si bien tú ya no puedes solventar el gasto, apóyalos para que encuentren los medios para pagarlos.

Ⓢ **Y hablando de ti...** No esperes el "momento ideal" para regresar a la escuela. NO EXISTE, mejor preocúpate por encontrar un programa de estudios que consideres útil e interesante, y busca la manera de organizar tu vida para poderlo tomar. Antes de empezar a sudar por el precio de estos programas, considera dos cosas: primero, el beneficio, en pesos y centavos, que estar mejor preparado puede tener en tus ingresos futuros; en segundo lugar, el hecho de que quizá puedas compartir parte del costo con la empresa en donde trabajas, ya que esta también se verá beneficiada con tu progreso y perfeccionamiento.

## Sueño 2. Tener mi propia casa

### Primero que nada, ¿cuándo es el momento de comprar una casa?

Oferta... Demanda... Mercado de compradores... Mercado de vendedores... La verdad es que la mayor parte de la gente busca cambiarse de casa no cuando el mercado de bienes raíces indica que es el momento correcto, sino cuando sus necesidades personales lo hacen.

Comprar una casa no es una decisión que se pueda tomar solamente con base en cuentas financieras. Salvo que seas un especulador que se dedica a la compra-venta de bienes raíces con fines de lucro, esta es una compra de doble sentido: por un lado estás comprando una propiedad en la que debes buscar maximizar el valor y el rendimiento, como lo haces con cualquier otra inversión; pero también estás comprando un hogar, un lugar en donde vas a vivir y en donde tu familia se va a desenvolver, por lo que entran en juego decisiones emocionales que son imposibles de cuantificar en pesos y centavos.

Para elegir una casa debes tener la **cabeza fría** (para pensar en las implicaciones monetarias) y el **corazón en la mano** (para evaluar todo lo demás):

- $ **Piensa cuánto puedes gastar en la compra/construcción de la casa.** ¿Cuánto dinero tienes disponible, ya sea para comprar un nuevo hogar o para pagar el enganche de una hipoteca? ¿Cuál es el monto de hipoteca que puedes conseguir con base en tu situación financiera? ¿Tienes lo suficiente para solventar los gastos indirectos que están relacionados con la compra, como muebles nuevos, remodelación, mudanza, etcétera?

- $ **Evalúa el impacto futuro.** Debes analizar si estás listo para asumir el cambio, en muchos casos permanente, en tus finanzas personales. Mudarse de casa implica también un cambio en tus patrones de gasto mes con mes: diferentes costos de mantenimiento, gastos de predial, cuotas de agua o luz. Este impacto puede jugar a tu favor (menos gastos que te permitan liberar recursos para otros fines), o en tu contra (un mayor gasto mensual, que implique recortar en otros lados o ahorrar menos). Una buena idea es hacer un comparativo entre lo que gastas ahora en mantener tu hogar y lo que calculas que vas a gastar en caso de realizar un cambio.

💲 **Piensa más allá del dinero.** Lo realmente difícil de evaluar son las razones que te llevan a tomar la decisión de cambiarte de casa. Comprar una propiedad es un gran paso para cualquier persona, no solo por el dinero que se gasta, sino también por la responsabilidad y compromiso que implica. Por ello tienes que evaluar si el cambio es realmente necesario o un simple capricho pasajero. Haz una lista de las razones por las que buscas una casa nueva: ¿más espacio para cubrir tus necesidades? ¿Un cambio de colonia por la cercanía con el trabajo o la escuela? ¿La seguridad de un conjunto multifamiliar? O, lo que también es válido, ¿una mejor casa para vivir? Si estás casado, platica con tu pareja qué es lo que ambos buscan de una nueva casa para asegurare de que el cambio sea algo que los beneficie a los dos.

💲 Una vez que decidas que sí es momento de cambiarte evalúa a los y las candidatas (departamentos y casas); no solo es una casa con plusvalía lo que vas a comprar, es tu hogar. Tan importante es la tasa de la hipoteca como el tamaño de la cocina. Evalúa la construcción (sobre todo las "tripas ocultas"), si se adapta a lo que **necesitas y TE GUSTA**.

💲 Si es un proyecto en construcción o preventa es vital que investigues la seriedad y otros antecedentes de los constructores que ofrecen el proyecto. Antes de dejarte enamorar por una maqueta y las promesas de descuentos, asegúrate de que estas tengan la posibilidad de volverse realidad y que todos los detalles de acabados se determinen y comprometan por escrito.

⑤ Recuerda que el **proceso de buscar una casa puede ser largo** y requiere de esfuerzo y paciencia: no hay casa perfecta, todas las posibilidades que visites van a tener puntos a favor y en contra, por lo que debes evaluar cuál es la que cumple mejor con tus expectativas. No te desesperes, es mejor esperar un poco para encontrar la mejor propiedad que vivir durante años arrepintiéndote de la compra apresurada que hiciste.

⑤ También, quizá lo que necesita tu hogar es una **manita (o manota) de gato**. Puedes encontrar financiamiento hipotecario para remodelar y hacer cambios o adecuaciones.

## Opciones para pagarla

⑤ **De contado.** ¿Eres un ahorrador excelente? ¿Tenías un tío excéntrico y millonario que te designó como heredero universal? ¿O simplemente tienes la suerte de tener disponible el dinero suficiente para pagar tu nuevo hogar directamente de tu cartera, sin la necesidad de solicitar ningún préstamo? Entonces, esta opción es para ti. Pagar una propiedad de contado —que no implica que sea "todo de un jalón", simplemente que no necesitas la ayuda de ninguna institución financiera— te da la oportunidad de poder conseguir descuentos más atractivos y te exenta de tener que pagar el costo del dinero, o sea, los intereses. Pero mucho ojo: recuerda que como con cualquier inversión, debes diversificar; procura no quemarte todos tus ahorros o patrimonio en la compra de una sola propiedad.

⑤ **A crédito.** El resto de nosotros los mortales, que no tenemos la cantidad de dinero suficiente para poder solventar individualmente el pago de una propiedad, necesitamos acudir a alguna institución financiera a pedir dinero prestado. Esto no está para nada mal: de todas las razones por las que uno se puede endeudar, hacerlo con el fin de conseguir un hogar es la mejor de todas. Existen varios esquemas para conseguir el dinero:

**I. Autofinanciamiento.** El esquema de "tandas" típico de la compra de automóviles se ha empezado a aplicar a la compra de vivienda. La empresa financiadora reúne a un grupo de personas que aportan una cantidad mensual con el fin de comprar una casa "entre todos". Cada mes, la casa comprada se sortea entre los participantes, uno a uno, hasta que todos son propietarios de un inmueble; aplican también subastas o pagos anticipados para obtener la vivienda con mayor rapidez. El valor de las mensualidades incluye tanto el costo de la propiedad como los gastos de administración, y se actualiza cada cierto tiempo para mantener constante el valor de la propiedad sorteada. No se necesita pagar enganche, lo cual hace de esta una opción accesible para quienes no cuentan con el dinero disponible.

**II. Renta con opción a compra.** Una alternativa que empezará a popularizarse dentro del mercado mexicano es la del arrendamiento con opción a compra. A través de este esquema, el comprador paga el enganche, empieza a ocupar el inmueble de manera inmediata (o en un plazo pequeño), y mes a mes realiza pagos similares a una renta; la diferencia con la típica renta es que parte de sus pagos (tanto del enganche como de las mensualidades) es utilizado para abonar un porcentaje del precio total de la vivienda.

**III. Crédito hipotecario.** Es el tipo de crédito más común para adquirir vivienda y se puede conseguir a través de bancos, instituciones financieras especializadas, o incluso con los mismos desarrolladores inmobiliarios. Este dinero se puede utilizar para comprar tanto una vivienda nueva como una usada, un terreno, e incluso para hacer remodelaciones o mejoras a casas de tu propiedad. La empresa financiadora te presta parte del dinero para comprar la propiedad tomando como garantía de pago el bien comprado; tú pagas el crédito de manera mensual por un plazo pactado entre 5 y 30 años. Cuidado: el comprar una vivienda a crédito no implica que no necesites tener dinero disponible. Incluso la mejor hipoteca nunca te financia el 100% de la propiedad, por lo que necesitas tener el dinero suficiente para pagar el enganche, así como para hacer frente a diversos gastos relacionados con la compra.

Idealmente, se deben tener en cuenta los siguientes parámetros: tener suficiente dinero ahorrado para poder pagar un enganche del 20%, y asumir un monto máximo de pago mensual de entre el 20% y 30% de tus ingresos. Dependiendo del tamaño del enganche que puedas dar y de la tasa del crédito, el valor de la casa debe ser de entre dos y dos veces y media tu ingreso anual.

**IV. El gobierno mexicano.** Existen instituciones públicas dedicadas a proveer recursos, bajo diferentes esquemas, para ayudar, en el total o en parte, a la adquisición o remodelación de casas y terrenos. Los más conocidos de estos organismos son el Infonavit (para derechohabientes del IMSS) o el Fovissste (del ISSSTE) que te

otorgan créditos directos, utilizando el saldo en tu sub-
cuenta de vivienda de tu Afore, para obtener parte del
crédito, y mediante las aportaciones patronales futuras
pagas poco a poco el resto del crédito.

Si quieres un crédito mayor al que otorgan estos organismos, existen esquemas de cofinanciamiento. Es como un crédito "doble" (no te preocupes, el trámite solo
es uno), en donde parte del dinero te lo prestan los organismos de gobierno y parte una institución financiera.

## Toma en cuenta...

- $ **Ponte a chambear.** Comprar casa es quizá la inversión
más grande que vas a realizar en tu vida, y como tal
debe tomarse como un asunto serio y personal. Debes
investigar la oferta que existe en el mercado para encontrar la hipoteca o financiamiento que más te convenga con base en tus posibilidades y necesidades.
No tomes la primera opción que se te presente; mejor investiga qué ofrecen las diferentes instituciones y
compara entre ellas antes de elegir la adecuada.

- $ **Ahórrate problemas.** Asegura la seriedad de todos los
proveedores con los que trates, desde el vendedor de
la casa hasta la empresa que te va a proveer el crédito. Pregunta e investiga las experiencias que amigos
y conocidos hayan tenido con ellos, y toma muy en
cuenta las críticas o consejos que oigas.

Desconfía particularmente de personas o empresas
que te ofrezcan productos o condiciones "demasiado
buenas para ser verdad", que te presionen para tomar
una decisión apresurada y/o que se nieguen o eviten contestar a todas y cada una de las dudas o preguntas que
quieras hacerles, por más insignificantes que parezcan.

De igual manera, lee con mucha atención cada uno de los contratos que te entreguen y pide (más bien, exige) que todas las promesas que te hagan sean por escrito.

⑤ **"Juega" con las diferentes opciones.** Recuerda que no hay un tipo de crédito universalmente correcto, mucho depende de tus preferencias y posibilidades para decidir el monto del crédito, el plazo, la moneda (Udis o pesos) y el tipo de tasa (fija o variable).

Analiza diferentes combinaciones para elegir la que más te convenga de acuerdo con tus preferencias, con la oferta y con tus expectativas económicas. Compara el CAT de cada una de las alternativas que te ofrezcan.

⑤ **No des vueltas.** Antes de empezar a tramitar una hipoteca, averigua cuáles son los requisitos y papeles que necesitas presentar; esto te ahorrará molestias y agilizará el proceso.

⑤ **Piensa con la cabeza.** Por más obvio que parezca, recuerda que adquirir un crédito hipotecario es un compromiso de largo plazo; es un hecho que nadie sabe con certeza qué es lo que va a pasar en un futuro, pero no empieces adquiriendo compromisos que de antemano sabes que no vas a poder cumplir. No te conviertas en parte de las estadísticas de cartera vencida, y evita pleitos por incumplimiento que pueden dañar seriamente tu patrimonio.

⑤ **Los costos escondidos.** Las tasas de interés que anuncian o promocionan al ofrecerte tu crédito no incluyen todos los gastos que vas a tener que hacer antes de obtenerlo. Toma en cuenta que, según el tipo de crédito, tendrás que desembolsar dinero para cubrir gastos como escrituración, avalúo, seguros de vida y desempleo, costos administrativos, costo por consulta en el buró de crédito y/o cuotas de entrada.

Ⓢ **Que te la "corran".** Solicita al banco o a la institución que te otorgue el crédito una "corrida" de tus pagos: un cuadro que te explica de manera clara y concisa qué porcentaje de cada mensualidad va a aplicarse a cubrir el préstamo, y cuál a pagar gastos e intereses.

Ⓢ **En caso de emergencia...** Paga puntualmente tus mensualidades, ya que la penalización por no hacerlo puede ser grande. En caso de no poder cumplir, avisa a la institución para evitar algún problema y ponte al corriente lo antes posible.

Ⓢ **No asumas.** Aun cuando uno pensaría que a los bancos o sofoles les convendría recibir pagos anticipados, no siempre es el caso. Al contratar la hipoteca, pregunta directamente si se pueden adelantar o aumentar los pagos o saldar el total con anticipación, y cuáles son los costos por hacerlo.

Ⓢ **Recuerda que** para ciertas propiedades los intereses reales que pagas por el crédito hipotecario (o sea, la tasa de interés menos la de inflación) son deducibles de impuestos. La institución de crédito te informará una vez al año qué monto es el que puedes deducir.

Ⓢ **Piénsalo bien.** Si durante el tiempo en que estás pagando la hipoteca encuentras una institución que te ofrece mejores condiciones, es posible *subrogar* el crédito, o sea, cambiar de un proveedor a otro. Sin embargo, pon mucha atención y analiza bien los costos adicionales que esta operación implica. Lo mejor es dedicar tiempo a elegir la mejor opción desde un principio para evitar cambios.

Ⓢ **Por ultimo**, no debes olvidar que aun cuando comprar casa sea una operación que involucre muchos pesos y centavos, a fin de cuentas es **un negocio de servicio** y debes buscar, además de las mejores condiciones financieras, una empresa que brinde la mejor atención y trato al cliente.

## Cada hipoteca es un mundo

A pesar de que no hay recetas para saber cuáles son las características del crédito que te convienen, por lo general debes tomar en cuenta lo siguiente antes de elegir:

- Pagar el enganche más alto que puedas solventar para financiar el menor monto posible y disminuir los intereses que tendrás que pagar.
- Elige el esquema de tasa fija si tienes la certeza y/o si piensas que las tasas de interés van a subir en un futuro próximo; por el contrario, elige el esquema de tasa variable si crees que las tasas de interés van a la baja. En caso de elegir la segunda opción, asegúrate de que exista una tasa tope que evite que tus pagos mensuales se disparen más allá de un límite.
- El plazo. Cuanto mayor sea la duración del crédito, menor es la cantidad que vas a tener que pagar cada mes. Elegir plazos largos implica una menor presión, mientras que optar por plazos cortos tiene la ventaja de que acabarás de pagar más rápidamente.

## Sueño 3. Jubilarme cómodamente

### Primero que nada, un retiro cómodo no solo depende del dinero ¿o sí?

Los muy optimistas dicen que el dinero es un detalle secundario durante el retiro; que en los años dorados hay cosas mucho más valiosas e importantes que adquieren especial trascendencia después de una vida dedicada al trabajo, como:

- ⓢ Independencia para poder vivir como quieras sin tener que rendirle cuentas a nadie (jefes, empleados, socios, hijos…) y poder tomar decisiones sin presiones ni compromisos.
- ⓢ Disfrutar y poder llevar a cabo los viajes o actividades que quedaron en el tintero por falta de tiempo o por exceso de otras obligaciones.
- ⓢ Cuidar la salud tanto física como emocional.

Absolutamente cierto. No cabe duda de que estos son los detalles más importantes que cualquier hombre o mujer jubilado debe privilegiar. El pequeñísimo *pero* es que para poder cumplir todos y cada uno de estos deseos se necesita dinero: la independencia de decisiones requiere de un respaldo económico; el ocio y el disfrute tienen un precio; cuidar la salud es caro.

Es una gran paradoja que, siendo el dinero lo *menos importante* durante el retiro, sin la cantidad suficiente de él no se pueda llevar a cabo ninguna de las cosas realmente importantes.

De jóvenes vemos el futuro muy lejano y sentimos que nunca va a llegar el momento en que dejemos de trabajar; a veces vemos esta lejanía como un don (*¡Voy a ser siempre joven!*), y otras como un martirio (*¡¿Hasta cuándo voy a trabajar?!*), pero la noción de una vida-después-del-trabajo nos parece un concepto completamente ajeno a la vida cotidiana.

Incluso cuando llegamos a los cuarenta o cincuenta y los "fatídicos 65" se van acercando, intencionalmente mantenemos la idea lejos de la mente como una especie de instinto de supervivencia: al no pensar en el retiro podemos pretender que nunca vamos a envejecer.

Esta evasión, que puede tener muchas ventajas psicológicas (como mantenernos optimistas y llenos de planes), es un desastre en términos financieros; al pretender que nunca nos va a llegar el momento del retiro, automáticamente omitimos planearlo.

Postergamos el momento de empezar a dar pasos concretos para "el primero de enero", "el año que entra", "cuando se casen los hijos", "cuando cumpla cincuenta", momentos que nunca llegan. Sin darnos cuenta arribamos a los sesenta o sesenta y tres años y ya no podemos seguir viviendo en la irrealidad, y nos damos cuenta de que no tenemos el respaldo financiero necesario para el retiro. Es aquí cuando lamentamos no haber puesto mayor atención al estado de cuenta de la Afore.

Planear para el retiro es hoy más importante que nunca por varias razones. La primera, porque el viejo patrón de que-mis-hijos-me-mantengan ya no aplica; la situación económica actual hace imposible para la mayor parte de las personas poder depender de los hijos; las parejas jóvenes, en sus treintas o cuarentas, enfrentan suficientes retos económicos propios como para poder, además, preocuparse por los de sus padres.

La segunda, porque cada vez vivimos más años y los ahorros tienen que poder alcanzar para más tiempo. Antes, los sesenta o sesenta y cinco años (el rango tradicional del retiro) eran realmente el final de la vida; los adultos podían esperar vivir solo cinco o diez años más. Hoy, gracias a toda una serie de mejoras en el modo de vida, la gente puede aspirar a vivir veinte o veinticinco años después de haber dejado el trabajo. Y la tercera, cada vez somos más "jóvenes" durante nuestro retiro. Aunque la edad cronológica permanece igual, cada vez tenemos vejeces más llenas de energía. Adiós a la placidez de la mecedora en el patio; hoy los adultos mayores quieren viajar por el mundo, tirarse del *bungee* y quitarse las arrugas, aspiraciones que tienen su precio.

Por todo esto es particularmente importante empezar a planear para el retiro lo antes posible. Después de una vida en la que el dinero es uno de los puntos de mayor preocupación, vivir un retiro sin preocuparse por él es un verdadero regalo.

### Opciones para pagarlo

**Tu cuenta de Afore** En México, todos los trabajadores afiliados al IMSS y al ISSSTE (que empezaron a trabajar a partir de 1997) reciben una aportación de tres partes para su retiro: una parte la aporta el gobierno; otra, la empresa en la que trabaja, y una tercera se descuenta de su sueldo. Todo este dinero se deposita en una cuenta individual dentro de alguna Administradora de Fondo para el Retiro (Afore), una empresa financiera dedicada exclusivamente al manejo del dinero para el retiro. La cuenta es propiedad del trabajador, por lo que si se queda sin empleo o cambia de trabajo los recursos se mantienen en ella generando intereses. El dinero de los trabajadores se invierte automáticamente en diferentes instrumentos para maximizar los rendimientos de largo plazo y ayudarlo a crecer.

Los instrumentos en los que invierten las Afores dependen de tu edad. Mientras más joven eres, más agresiva es la estrategia de inversión... y poco a poco se va haciendo más conservadora conforme te acercas a tu edad de retiro.

A lo largo de tu vida puedes hacer retiros parciales de tu Afore en caso de desempleo o matrimonio.

Al jubilarte, o en caso de invalidez o incapacidad, se te entrega el dinero que hayas juntado en tu cuenta individual —más los intereses obtenidos— de dos maneras distintas:

Mediante retiros programados, en los que se te entrega cada mes una parte de tu cuenta hasta que el dinero que hay en ella se acabe; o por medio de una renta vitalicia, en la que se pacta una cantidad mensual que se te entrega por el resto de tu vida. Si no tienes suficiente dinero en tu cuenta puedes lograr una pensión mínima garantizada (sujeta a muchas condiciones), o de plano retirar el total de tu cuenta.

Muy probablemente la suma que acumules en tu cuenta de Afore —incluso en los escenarios más optimistas de rendimientos— sea insuficiente para financiar adecuadamente tu retiro, por lo que es importante que la complementes con uno o más de los siguientes instrumentos. Si no cuentas con una Afore, es particularmente importante que diseñes un plan que te permita jubilarte con tranquilidad.

Todas aquellas personas que empezaron a trabajar antes de 1997 tienen la opción de tener una cuenta de Afore o de, al momento de su retiro, obtener una pensión fija del IMSS

Cuidado. Las cuentas de Afore también están abiertas si eres un trabajador independiente y quieres utilizarlas para ahorrar.

⑧ **Aportaciones voluntarias a tu cuenta de Afore.** Tanto los trabajadores afiliados como los independientes pueden contribuir con una cantidad extra a su cuenta individual, ya sea aportándola directamente o pidiendo a su empleador que la descuente de su sueldo y la deposite. Este dinero se invierte y maneja con el resto de los recursos de la cuenta y genera los mismos rendimientos y comisiones. Esta opción tiene dos ventajas importantes: la primera es que aprovecha, en caso de que estés satisfecho con ellos, los resultados de tu Afore, y la segunda, que simplifica el manejo y administración de tu dinero, ya que evita tratar con diferentes instituciones. Las aportaciones voluntarias, hasta cierto límite, son deducibles de impuestos. No existen montos máximos ni mínimos para este tipo de aportaciones, y el dinero que deposites puede ser retirado en su totalidad si así lo deseas.

$ **Un seguro dotal.** También conocidos como seguros de inversión, estos instrumentos te ofrecen —a cambio del pago de una prima anual— entregarte una cantidad de dinero pactada en cierta fecha (a 10, 15, 20 o más años). Al contratar este seguro puedes hacer que la fecha de vencimiento coincida con la del inicio de tu retiro, de modo que recibas una cantidad de dinero suficiente para vivir bien el resto de tu vida (con una buena administración, por supuesto). El monto de la prima depende de la cantidad que desees recibir y con cuánto tiempo de anticipación contrates el seguro (cuanto antes lo hagas la prima será mejor). La principal ventaja de este seguro es que compromete al ahorrador/asegurado a depositar una cantidad fija cada año, además de contar con el beneficio adicional de un seguro de vida para que, en caso de que fallezcas antes del vencimiento, los beneficiarios reciban automáticamente la suma pactada.

$ **Planes personales de retiro (PPR).** Es un instrumento relativamente nuevo en el mercado mexicano enfocado a los segmentos medio y alto. Son cuentas individuales de inversión que administran instituciones financieras profesionales con estrategias especialmente diseñadas para el retiro, que se adecuan a los cambios en la situación del mercado y/o a las necesidades del cliente. Lo ideal es dejar este dinero depositado hasta que cumplas 65 años (o antes, en caso de incapacidad o invalidez), pero puede retirarse anticipadamente. Sus principales beneficios son que el dinero depositado se puede deducir de impuestos, hasta cierto límite, y la flexibilidad que ofrecen, ya que si bien no se pueden escoger los instrumentos puntuales, sí se puede elegir entre diferentes estrategias, de acuerdo con el carácter y las necesidades individuales. Adicionalmente, algunos de estos planes incluyen seguros de vida y gastos funerarios.

⑤ **Estrategia propia.** Si eres un inversionista más experimentado, o quieres tomar las riendas en tus manos, está la opción de manejar tu propia cuenta de inversión con fines de retiro, y hacerlo cómo y dónde mejor te convenga. Esta alternativa se debe elegir solo si eres muy disciplinado y cumples con el compromiso de ser consistente y constante en tu ahorro, y si tienes los conocimientos financieros o la ayuda que te permitan generar rendimientos competitivos. Otra estrategia es invertir en un negocio en el que, al momento de tu jubilación, puedas ceder la batuta y siga generando recursos para darte un sueldo o ingresos constantes y confiables.

👉 **Toma en cuenta…**

⑤ **Para descansar tranquilo hay que vivir informado.** Probablemente vivas más de 20 años jubilado, por lo que este no es un tema que puedes tomar a la ligera o dejarlo librado a la alternativa más fácil. Investiga y compara lo que te ofrecen tanto las diferentes Afores como las otras instituciones que ofrecen productos para el retiro, y elige la opción, o la mezcla de opciones, que más se adecue a tu perfil. De todos los instrumentos que contrates, averigua perfectamente bien sus particularidades, desde dónde debes depositar y cuáles son las comisiones, hasta cómo te van a pagar al momento de jubilarte. Sé consciente también de cuántas semanas tienes que haber cotizado en el IMSS o ISSSTE para acceder a los diferentes planes para retirar tu dinero.

⑤ **No solo de ahorros vive el hombre.** Es indispensable que todo plan de retiro esté acompañado de un seguro de gastos médicos mayores que te ayude a solventar cualquier contingencia médica. No contar con la protección adecuada es un error carísimo. Los costos médicos se han disparado en los últimos años y pagar un accidente o una enfermedad puede llegar a desfalcar incluso a la fortuna más grande. Los seguros de gastos médicos te permiten vivir con la tranquilidad de que, en caso de requerirlo, vas a tener el cuidado adecuado sin la preocupación de pensar cómo lo vas a pagar. Eso sí, no esperes a llegar a la edad de tu retiro para contratarlo: cuanto más joven seas al asegurarte, mayor antigüedad podrás acumular en tu póliza.

⑤ **Tampoco es una mala idea…** Otros seguro que debes considerar es el de vida, para dejar protegido a tu cónyuge o a tus hijos, quienes, dicho sea de paso, también reciben como beneficiarios tu cuenta de Afore, tu PPR y tus inversiones.

⑤ **Ten tu testamento al día.** Punto, nada más que decir.

⑤ **Llega limpio**. Si tienes algún tipo de deuda de largo, mediano o corto plazo, desde hipotecas hasta saldos excesivos en tu tarjeta de crédito, procura pagarlos antes de abandonar el mundo del trabajo; así podrás aprovechar tus ingresos de retiro para tus gastos y gustos cotidianos y no los verás esfumarse en pagos de intereses sobre deudas que vienes arrastrando.

⑤ Consulta las **deducciones de impuestos** que puedes hacer a lo largo de tu vida de las inversiones destinadas al retiro.

⑤ **Tres palabras:** Rendimiento, comisiones y servicio. Tanto la elección de tu Afore como la de cualquier otro proveedor de instrumentos para el retiro debe estar tomada con base en estos tres parámetros. Mayores rendimientos y comisiones competitivas que maximicen la cantidad de dinero que vas a recibir en el futuro, y el mejor servicio y atención para poder atender y resolver cualquier duda o problema que pudieras tener.

⑤ **No estás atado.** Recuerda que cambiar de una Afore a otra es posible y sencillo; sin embargo, no es recomendable hacerlo con demasiada frecuencia. Antes de decidir qué Afore elegir, o a cuál cambiarte, investígala bien y sopesa si se adapta a tus necesidades. Recuerda que todas las Afores tienen años mejores que otros en cuestión de rendimientos. No busques siempre estar en la número uno, sino simplemente en una que se ubique, consistentemente, entre las mejores del mercado.

⑤ **Cambia con el tiempo.** Sea cual sea la estrategia, o combinación de estrategias que elijas para planear tu futuro, recuerda que esta tiene que ir cambiando con el tiempo. Entre más se acerque la edad de tu retiro, más conservadoras deben volverse tus inversiones.

⑤ **Conserva cierta cordura.** Independientemente de cuán exitoso haya sido tu ahorro para el retiro y cuán holgados sean tus ingresos, no olvides el buen manejo del dinero: en el momento en que te retires procura continuar con un plan financiero adaptado a esta nueva etapa, que incluya el uso de un presupuesto.

💲 **No te arriesgues.** Una vez que te retires, procura ser lo más conservador y cauto con tus inversiones, ya que dependes —más que nunca— de ellas. Evita correr cualquier riesgo y privilegia instrumentos conservadores y tradicionales; jamás participes en esquemas de "riqueza rápida", en los que muchas veces buscan específicamente a personas jubiladas a quienes les ofrecen "lo más nuevo, lo mejor, mejores rendimientos *sin nada* de riesgo", y que acaban siendo esquemas para estafarlas (no te consideres exento, es más común de lo que parece).

💲 # Haz números

**¿Cuánto voy a necesitar tener ahorrado para mi retiro?**
Los expertos están divididos respecto a cuánto dinero vas a necesitar para solventar tu vida de jubilado. Hay algunos que opinan que tu gasto mensual va a ser de, aproximadamente, 70% de lo que necesitas hoy (ajustando la cifra a la inflación), ya que consideran que muchos de los gastos que realiza una persona en su "vida productiva", como mantener hijos o gastos relacionados con el trabajo, desaparecen al entrar a los "años dorados". Por el contrario, hay otros que opinan que en el retiro tus gastos van a mantenerse iguales (nuevamente, ajustando la cifra a la inflación) ya que, aun cuando se eliminan ciertos gastos, hay otros que aumentan, como gastos en salud o en diversión.

Otra manera rápida de calcular cuánto vas a necesitar en el retiro es mediante la "regla general", que dicta que necesitas tener ahorrado entre 20 y 25 veces el valor de tus gastos anuales.

### ¿Cuánto tengo ahorrado en mi Afore?
Necesitas consultar el estado de cuenta que te envía tu Afore cuatro veces al año.

### …Pero no sé en dónde está mi Afore… no sé ni siquiera si tengo Afore
Si en algún momento de tu vida cotizaste en el IMSS o si elegiste ese esquema en el ISSSTE, tienes Afore. Si no te acuerdas del número lo único que necesitas hacer es tener tu número de afiliación o tu CURP e ir a las oficinas de la Consar o consultar la página web < e-sar.com.mx >

### ¿Cuánto voy a tener en mi Afore al momento de retirarme?
Para tener un número estimado, consulta una de las tres calculadoras que tiene la página de la Consar que te permiten saber cuánto vas a tener al momento de retirarte según si cotizas en el IMSS, en el ISSSTE o si eres un trabajador independiente < https://www.gob.mx/consar/acciones-y-programas/calculadoras-de-ahorro-y-retiro?idiom = es >.

¡¡¡Compara este número con lo que vas a necesitar al momento de tu retiro para que empieces a hacer cuentas de todo lo que debes ahorrar por otro lado!!!

## Sueño 4. Consentirme

### Primero que nada: es un pequeño lujo, pero creo que lo valgo

Después de todo lo dicho sobre las ventajas del ahorro y de la cordura al gastar, es un hecho que en la vida estamos rodeados de tentaciones, y que muchas veces ceder a ellas nos hace sentir muy bien. Pero muy bien. En la vida no puedes vivir como monje tibetano, sin apego a nada material... a menos que seas monje tibetano.

No, no es cuestión de "materialismo desmedido" o de comprar la felicidad, simplemente es adquirir objetos que, sin que entendamos bien a bien por qué, nos dibujan una sonrisa en la cara; compras que no son necesarias en el sentido estricto de la palabra, pero que dan sentido al esfuerzo, trabajo, y a veces sacrificio con el que vivimos día a día. Como bien dijo Antón Chéjov: "No son las crisis sino el día a día lo que realmente desgasta", y es para solventar esa vida diaria que, a veces, necesitamos cierta retribución material.

Ya sea un viaje, un auto nuevo, un celular nuevo o una fiesta para celebrar un acontecimiento importante (cada quien tiene sus tentaciones favoritas), estas son compras que, por su precio e impacto en la cartera, no se pueden considerar cotidianas.

Ahora bien, el hecho de que sean compras que se catalogan como "lujos" no implica que al hacerlas se deba olvidar toda prudencia financiera. Muy al contrario, es justamente en este tipo de gastos donde un poco de cabeza y planeación pueden marcar una gran diferencia, tanto en el precio y la calidad del artículo, como en el impacto en la cartera. Comprar con un poco de cabeza hace que se duplique el placer: primero, por el disfrute que le das a los objetos, y segundo, porque sabes que los conseguiste de la manera más inteligente posible.

### ✋ Opciones para pagarlo

- 💲 **De contado.** ¿¡Te sacaste la lotería!? ¿Vendiste tu pequeño negocio de Internet por *chorrocientos* millones de dólares? Entonces, muy probablemente puedas cumplir todos tus caprichos simplemente con abrir tu cartera, lo que te puede permitir negociar atractivos descuentos. Si no eres de esos afortunados, tendrás que hacer uso de alguno de los métodos enlistados más abajo.

Ⓢ **Con tus ahorros.** Si cuentas con la suerte de ser muy previsor, esta es indudablemente la mejor opción; empezar a ahorrar con anticipación dinero específicamente destinado al bien deseado. Otra posibilidad es que, aun sin haber planeado esa compra con anterioridad, tengas entre tus ahorros el dinero suficiente para gastar una parte en "lujos". Pero mucho cuidado: cerciórate de que la parte de tus ahorros que destines a estos gastos no consuma lo que habías pensado utilizar en proyectos futuros más importantes; jamás vacíes tu cuenta de emergencia o tus ahorros para el retiro para solventar un viaje o la compra de un equipo de televisión.

Ⓢ **Autofinanciamiento.** Un esquema tradicionalmente diseñado para la compra de automóviles consiste en una empresa financiadora que reúne a un grupo de personas que aportan una cantidad mensual con el fin de comprar un tipo determinado de automóvil "entre todos". Cada mes, los autos comprados se sortean entre los participantes hasta que todos reciben el suyo. El monto de la mensualidad incluye, además del valor del auto, seguros y costos de administración correspondientes, y se actualiza cada cierto tiempo para poder mantener constante el poder adquisitivo y comprar siempre el mismo tipo de unidad.

Ⓢ **A crédito.** Existe un sinnúmero de opciones para obtener dinero prestado, desde tarjetas de crédito y préstamos de consumo otorgados por instituciones financieras, hasta productos específicos diseñados por las mismas tiendas o establecimientos de venta. Aun cuando todos se llaman créditos, no son iguales: las tasas, comisiones, montos máximos, plazos y otras condiciones varían ampliamente entre uno y otro.

## Toma en cuenta...

⑤ **Consumidor informado vale por dos**. Antes de desembolsar el primer peso, compara los precios y las condiciones que ofrecen los diferentes proveedores. Las diferencias muchas veces son astronómicas. Empieza por encontrar el producto ideal para tus necesidades; en artículos de tecnología y electrónica o en automóviles, donde existen tantas opciones similares, la búsqueda puede ser larga. Consulta sitios dedicados a cada tema o la opinión de expertos o de amigos que hayan comprado el mismo bien. Una vez que sepas cuál es el modelo exacto que quieres, compara entre diferentes proveedores para encontrar el mejor precio y las mejores condiciones de garantía y servicio posventa.

⑤ **¿Y qué descuento me vas a hacer?** Aun cuando hemos perdido la costumbre de hacerlo y a veces nos "da pena", el regateo es una práctica que está volviendo a estar moda; es un medio de compra que permite a los consumidores ahorrar, y a las tiendas conseguir la fidelidad de sus clientes. Parte del principio que todo en este mundo es negociable; antes de pagar, pregunta por las mejoras que te pueden hacer tanto en el precio como en las condiciones de compra (lo peor que te puede pasar es que, después de insistir, te digan simplemente que no). Actúa con sangre fría: si el vendedor te ve indiferente respecto a la compra, aunque solo sea en apariencia, es mucho más probable que obtengas lo que pides.

§ **No te quedes callado.** Si la calidad de un producto o servicio no es la que esperabas, quéjate; primero ante el proveedor, y en caso de no obtener respuesta, ante la Profeco. Así podrás obtener reparación o compensación por el mal rato pasado o por el producto defectuoso. Recuerda que las quejas se hacen mejor por escrito, y, en caso de hacerlo en persona, sin enojarse y perder los estribos.

§ **Ojo con la vida en línea.** Aun cuando las compras por Internet y por teléfono son cada vez más populares y sencillas, limítalas a artículos cotidianos y genéricos. Por más tentador que sea, jamás compres artículos de lujo sin verlos con tus propios ojos.

§ **De nuevo la palabra "P".** Si lo que vas a comprar no tiene un precio fijo, sea una fiesta o un viaje en donde los costos pueden escalar sin que te des cuenta, prepara de antemano un presupuesto en el que determines la cantidad máxima que puedes/quieres gastar. Considera guardar las tarjetas de crédito y hacer todos los pagos en efectivo para evitar gastar más de lo que tienes planeado.

§ **La comodidad puede salirte cara.** La tarjeta de crédito es el medio de financiamiento más fácil de obtener, pero también es el más caro que existe. Mucho ojo con usarla como tu opción "de cajón". Investiga sobre préstamos personales o de nómina en las diferentes instituciones.

## Cómo aprovechar los programas de recompensas

No porque sean "gratis" quiere decir que debes utilizar los programas de recompensas o puntos con los ojos cerrados; para maximizar sus beneficios fíjate en lo siguiente:

**1. Organízate.** La clave para poder aprovechar los programas de recompensas es la organización. Lo ideal es hacer una lista de los programas a los que perteneces e incluir cuál es el premio que quieres obtener en cada uno y la cantidad de puntos que necesitas para conseguirlo. Cada dos o tres meses ponte al corriente de la cantidad de puntos que has acumulado para saber exactamente cuándo puedes empezar a usarlos.

**2. Limítate.** No te excedas pretendiendo participar en todos los programas que tienes a tu disposición. Escoge a cuántos, y a cuáles, inscribirte. Elige aquellos que vayan de acuerdo con tus hábitos de consumo: si viajas en avión solo una vez al año, de nada te sirve pertenecer a cinco programas distintos de viajero frecuente; por el contrario, si eres un viajero compulsivo (por placer o trabajo), maximiza este tipo de programas para que puedas acumular millas vayas adonde vayas.

**3. Consiéntete.** No dejes a un lado tus gustos y preferencias (por más banales que sean) solo por adaptarte a algún programa de puntos; mejor ajusta los programas de acuerdo con lo que a ti más te gusta. No te inscribas al programa de "cinéfilo frecuente" de la cadena de cines que da mejores premios; opta por el programa que ofrezcan las salas a las cuales te gusta o acostumbras ir.

**4. Lee la letra pequeña de los programas.** Averigua claramente cuáles son los consumos premiados (incluso, hay algunos con doble o triple beneficio), la caducidad de los puntos y, sobre todo, los costos que pueden tener tanto de inscripción como de mantenimiento. También fíjate muy bien en el proceso y dinámica que necesitas para recibir los premios; la clave para obtener lo que quieres, sobre todo en lo que se refiere a boletos de avión, es la planeación y la anticipación. No olvides las fechas de caducidad de estos puntos.

**5. Evita.** El error más común, y el que más caro sale, es comprar productos bajo condiciones desfavorables solamente para acumular puntos. Cualquier decisión de compra debe hacerse primero que nada con base en tus prioridades de consumo (ya sea la calidad, el precio, el servicio, la comodidad, etcétera). El que una compra te otorgue puntos debe ser solamente un *plus*, nunca el factor primordial para elegir un producto.

## Sueño 5. Ayudar a los demás

### Primero que nada: abre el corazón, pero también los ojos

Si algo nos enseñan las crisis —es más, si algo demandan de nosotros las crisis— es volvernos más empáticos, no solo como responsabilidad hacia el mundo, sino como un arma muy valiosa para aliviar el dolor personal. Salirte de ti y pensar en el otro no arregla tus problemas, pero los pone en perspectiva. Parte del gusto que podemos obtener de nuestro dinero es la oportunidad de poder compartirlo con personas, o causas, que realmente lo necesitan. Hacer donativos a alguna de las cientos de organizaciones que trabajan para resolver un problema en especial y que necesitan recursos, no es una obligación sino un privilegio: la suerte de poder estar en el lado de los que dan y no del lado de los que necesitan recibir.

Sería maravilloso (y utópico) pensar que en México nuestra ayuda no es necesaria, que el gobierno mexicano es capaz de acoger y financiar todas las necesidades del país. Pero la llana verdad es que, quejémonos de lo que nos quejemos, las autoridades no pueden con todo "el paquete", no tienen los recursos suficientes, y es tarea del sector privado ser parte de la solución.

Hoy en día existen muchas dudas cuando hacemos o cuando pensamos en hacer donativos, principalmente relacionadas con la seriedad de la organización y el buen uso que va a hacer de los recursos que recibe. No hay nada más decepcionante que saber que el dinero que ganamos y decidimos donar acaba siendo mal utilizado.

Donar recursos a los más necesitados ya no debe ser una cuestión caritativa (por la cual buscamos "limpiarnos de culpas" de manera momentánea); tenemos que estar convencidos de que los donativos que hacemos son una *inversión social* que de manera inteligente y recurrente nos permite contribuir a solucionar los graves problemas sociales que amenazan a nuestro país. Debemos cambiar nuestra visión del paternalismo a la corresponsabilidad.

Esta nueva visión (de caridad a inversión social) cambia completamente el modo en el que se deben otorgar las aportaciones. Como el resto de las inversiones (desde las financieras hasta las corporativas), las de objetivo social deben guiarse por parámetros inteligentes y contundentes; realizar una inversión con un fin no lucrativo no le debe restar al análisis del proyecto ninguna seriedad.

## Opciones para hacerlo

**⑤ En efectivo.** Meter la mano a la bolsa y sacar un poco de dinero, extender un cheque o incluso un cargo a tu tarjeta de crédito, es la manera más fácil, rápida y cómoda de ayudar y dar a las instituciones la "gasolina" que necesitan para seguir trabajando. Además, como incentivo adicional a tus buenas acciones, tus donativos son deducibles de impuestos.

- **$ En especie.** Definitivamente el dinero es lo que, generalmente, mejor pueden aprovechar las organizaciones, pero la ropa, enseres domésticos (desde vajillas hasta lavadoras) y otros artículos también pueden ser de gran utilidad. Recuerda que las instituciones de beneficencia no son basureros; selecciona muy bien los productos que vas a donar; cuida que estén en buen estado y cerciórate de que la institución tenga un uso para ellos.

- **$ En tiempo.** Donar recursos es muy necesario, pero nada sustituye, tanto para ti como para ellos, la ayuda de acciones directas. Dedica unas horas a la semana a apoyar a cierta organización, ya sea en labores genéricas (colaborar en las pequeñas cosas que se puedan ofrecer), o haciendo uso de tus cualidades personales o profesionales: si sabes cocinar, ayuda en la preparación de alimentos en un albergue; si eres contador, apoya a una institución a llevar sus cuentas.

## Toma en cuenta...

- **$ Elige una causa.** Existen cientos de causas nobles y de instituciones que se dedican a atenderlas. Para maximizar la efectividad de tus donativos, elige una o dos instituciones en particular, que sean cercanas a tu corazón, y enfoca en ellas la fuerza de tus recursos.

- **$ Todo centavo cuenta.** Para conseguir recursos para donar lo único que tienes que utilizar es tu imaginación. Algunas ideas: ¿acostumbras dar algunas monedas a la gente que te lo pide en la calle? Mejor lleva contigo una pequeña "alcancía" y guarda ahí todo lo que piensas dar. Cada dos o tres meses dona el total a programas establecidos de ayuda que son más efectivos en encontrar soluciones de largo plazo y no simples paliativos.

¿Necesitas dar un regalo a una persona que "lo tiene todo"? Averigua en las instituciones de beneficencia si puedes hacer un donativo a su nombre a cambio de una constancia o recibo que le puedas entregar al agasajado.

$ Actualmente existen muchas plataformas de donativos colectivos por medio de las cuales organizaciones o proyectos que necesitan donativos los anuncian y buscan conseguir dinero de muchos donadores individuales. Estas son un gran recurso para conseguir proyectos. En México, la más grande de estas plataformas es donadora.org.

$ **Da con gusto.** Mucha gente dice que "el dar solo sirve si duele el bolsillo". Esto es erróneo. El dar debe ser un sacrificio (después de todo, esos recursos los podrías utilizar para satisfacer necesidades más sabrosas), pero no un martirio. Es más benéfico que encuentres un esquema que te permita donar pequeñas cantidades de manera periódica y constante, a dar un donativo tan pesado que "te cure de espanto".

$ **No inviertas ciegamente.** Como con cualquier instrumento financiero, no inviertas en lo que no sabes cómo funciona; averigua los pormenores de la institución a la que estás donando; busca instituciones abiertas y transparentes y presta particular atención a que cuente con un plan estratégico, reportes periódicos y mecanismos de evaluación y seguimiento de los logros obtenidos, así como la rendición de cuentas de sus ingresos y gastos.

Una buena manera de considerar, mas no de asegurar la seriedad de una organización, es buscar que los donativos sean deducibles de impuestos.

⑤ **Que no te incomoden.** Cualquier institución que solicite tus donativos debe hacerlo con seriedad. Jamás debe haber manipulación para que dones o para que aumentes la cantidad que estás dispuesto a entregar; tampoco deben hacer solicitudes de donativos solo en efectivo, ni presionarte para que proporciones datos personales, tuyos o de otras personas.

⑤ **Pasa la estafeta.** Una de las lecciones más importantes que puedes dar a tus hijos es la conciencia social. Promueve que los niños donen, cada tres o seis meses, una parte de sus ahorros, o de los regalos que reciben, a causas que ellos mismos elijan. Lo mejor es que donen cantidades razonables para que lo hagan con gusto y se puedan formar un hábito de corresponsabilidad.

## Estrategia 3. Aprende a gastar[5]

Dime cómo gastas y te diré quién eres. Atrás han quedado los días en los que todas las compras se tenían que hacer en efectivo (¡vaya tamaño de cartera que tendríamos que cargar!). Hoy las carteras son físicas y virtuales. Para nuestra comodidad, y el buen funcionamiento de la economía, existen muchos instrumentos que no solo sustituyen al dinero, sino que tienen características adicionales que los hacen muy atractivos, tanto por la agilidad para hacer compras, como por la seguridad y los beneficios adicionales que ofrecen.

En el mundo de hoy el dinero físico —el que podemos tocar y llevamos en billetes y monedas— y el dinero virtual —el que vive en nuestras cuentas electrónicas y que pocas veces tocamos— se entrelazan y se confunden. No sabemos dónde empieza uno y dónde acaba el otro.

Tener tantos instrumentos de gasto es un arma de doble filo: a la par que su buen uso facilita la manera en que nos movemos en el mundo del dinero, su mal uso ocasiona una pesada carga financiera que puede dar al traste incluso con el plan financiero más cuidadoso. Además, el lado oscuro de la tecnología implica estar alerta ante fraudes y mal uso cada vez más "ingeniosos" (por decirlo de alguna manera) y sofisticados.

Pretender vivir en una dieta financiera de "puro efectivo", sin hacer uso de estos instrumentos, es una solución impráctica e irreal; el chiste es aprender a usarlos de una manera sana e inteligente para evitar caer en costosos errores que nos causen dolores de cabeza y afecten nuestro patrimonio.

---

[5] Existen otros instrumentos financieros, los de inversión y los de crédito, que ya tocamos en capítulos anteriores.

## Efectivo. El rey ha muerto, ¡viva el rey!

Incluso en el siglo XXI, con todos los avances de la tecnología, el efectivo sigue siendo el rey. La mayor parte de las compras que se hacen en el país son en monedas y billetes —y aun cuando los hábitos individuales de cada quien varían y hay personas que ya han migrado al dinero electrónico por completo—, el dinero en efectivo sigue estando muy presente en nuestra vida.

Guardar dinero en casa continúa siendo una práctica muy común; muchas personas siguen utilizando el proverbial colchón para depositar ahí sus pesos y centavos. Sin embargo, esta es una costumbre extremadamente riesgosa y financieramente poco recomendable; el dinero que se mantiene en casa debe verse como un "guardadito" para resolver emergencias, ya sea una necesidad repentina de efectivo el fin de semana o un contratiempo mayor, pero nunca como una herramienta de ahorro. Hay que sacar el dinero del colchón porque se puede perder, lo pueden robar (o ser "tomado prestado" por adolescentes), porque pierde su valor de compra y porque promueve un gasto innecesario.

### El dinero que guardas

- Ⓢ **¿Cuánto guardar?** Decide de antemano un nivel mínimo y máximo de dinero que quieras guardar, dependiendo de tus necesidades. Una vez al mes revisa tu "guardadito" y repón lo que hayas utilizado; si tienes algún excedente mayor a tu límite máximo, sácalo y deposítalo de inmediato en tu cuenta de ahorros.

- Ⓢ **¿Cómo guardarlo?** Procura tener el dinero en la moneda en la que lo vas a utilizar. Si prevés el caso de necesitar divisas extranjeras (un viaje repentino al extranjero, por ejemplo) guarda dólares o cheques de viajero; de lo contrario, procura guardarlo en moneda nacional. Es una buena idea tener algo de cambio o billetes chicos (ya sea en pesos o en divisas) para hacer más fácil su manejo.

⑤ **¿Dónde?** Unos cuantos consejos para salvaguardar la integridad de tu guardadito:

- Procura tener solamente un lugar. Guardar el dinero en siete lugares diferentes (en un cajón, en la lata de las galletas, arriba del armario) dificulta llevar el control e incrementa las posibilidades de que desaparezca.
- Guárdalo bajo llave y conserva la llave en un lugar seguro pero accesible, por si llegas a necesitar que alguien más tenga acceso a ella.

### El dinero que gastas

No es que alguien necesite consejos sobre cómo gastar el efectivo (¡todos somos expertos!), pero aquí damos cinco consejos básicos que muchas veces olvidamos.

⑤ Sé ordenado en el manejo de billetes y monedas. Más allá de la emoción de encontrar billetes perdidos en la bolsa del pantalón está la angustia de saber que nunca lo podrías haber encontrado.

⑤ Guarda todo tu dinero en el mismo lugar cuando lo lleves contigo (todo en la cartera o todo en un clip o todo en una pequeña bolsa) y en un solo lugar cuando lo tengas en casa. Guarda el cambio en ese lugar tan pronto lo recibas.

⑤ Las monedas valen, y valen mucho. Muchas veces menospreciamos en valor de las monedas por ser menor al de los billetes, y no tenemos el mismo cuidado con ellas. Ojo, pueden valer "poco", pero en conjunto valen mucho. Ten el mismo cuidado con ellas que con los billetes; no las menosprecies a la hora de pagar (sí, a pesar de la mirada de desesperación del cajero) y guárdalas en lugares seguros.

$ Una de las principales consideraciones para usar hoy el efectivo es la seguridad. Lleva contigo lo menos posible, sé cuidadoso y discreto a la hora de sacar el dinero; no lo enseñes y de ninguna manera lo presumas. Cuidado cuando uses los cajeros automáticos o vayas al banco para sacar efectivo. Tu seguridad vale más que todo el dinero del mundo.

$ Tener no quiere decir poder... No por tener dinero quiere decir que te lo tienes que gastar. Sé prudente en todos tus gastos, aun cuando tengas el dinero disponible. SOBRE TODO si tienes el dinero disponible.

## Cuentas bancarias básicas. El eje

A pesar de la tecnología, las cuentas más sencillas de las instituciones bancarias siguen siendo el eje de nuestra vida financiera. Son el punto de partida de las transacciones más "antiguas" (chequera y tarjeta de débito), y a la vez la forma de tener acceso a los medios de pago más modernos (*wallets*, transferencias electrónicas, sitios de pago entre particulares, e incluso el CoDi). Son, en primer lugar, tu identificación en el mundo electrónico. Muchas veces, para dar de alta cualquier *app* o sitio *web* lo primero que tienes que hacer es ingresar una cuenta (o tarjeta de crédito), y más allá de eso, son las cuentas desde donde se extrae o deposita el dinero que se usa en todas tus transacciones. De allí se saca el dinero que gastas en tu tarjeta de débito, al hacer un cheque o al hacer un pago electrónico, y allí te depositan cuando recibes un pago por cualquier medio. Puede ser que en un futuro la tecnología haga innecesario este tipo de cuentas, pero hoy son indispensables para moverse tanto en el mundo de pagos real como en el virtual.

**¿Qué son?** Son las cuentas más sencillas de los bancos, comúnmente conocidas como cuentas de ahorro, cuentas de cheques, cuentas básicas o cuentas eje. Son simplemente un lugar de depósito del dinero que está disponible en cualquier momento y que generalmente no te ocasiona ningún interés. Cada cuenta tiene características diferentes que varían en la cantidad mínima que tienes que tener depositada, comisiones y costos, medios de retiro, y si incluyen o no, de manera gratuita, las operaciones electrónicas.

**¿Cómo abrir una?** Los requerimientos varían entre banco y banco, pero generalmente son trámites fáciles, sencillos y rápidos. Necesitas presentar tu identificación, probablemente tu RFC (dependiendo de la cantidad de dinero que vayas a tener depositada) y firmar un contrato.

**¿Qué servicios me ofrece, por lo general, directamente el banco?** Generalmente el banco incluye el uso de chequeras, tarjeta de débito y la posibilidad de hacer transferencias electrónicas directamente desde la *app* o sitio *web* del banco. Incluyen, con o sin costo, los instrumentos para poder tener acceso seguro a estos sitios mediante instrumentos de OTP (*one time passwords*, o contraseñas de un solo uso) que les dan doble seguridad a tus accesos, además de darte la posibilidad de conectarte a una enorme cantidad de servicios de proveedores externos (ve la sección que sigue).

**¿Cómo puedo sacarle el máximo provecho?**

Las mejores prácticas en estas cuentas **no dependen de "contratar la mejor"**, todas son muy similares, sino contratarla con conocimiento de causa y de detalles, administrarla de una manera correcta y saber qué hacer en caso de tener un problema.

 El reto más grande es **llevar bien las cuentas**, sobre todo con tantos instrumentos de gasto que pueden estar sacando y metiendo dinero a esa cuenta. Acuérdate de que algunas transacciones son inmediatas, por lo que te das cuenta automáticamente de que se hicieron, pero algunas, como los cheques, toman más días en reflejarse. Tienes que tener un buen control para evitar el costo de cheques devueltos o la incomodidad de que te reboten algún pago, algo que generalmente pasa en el momento de mayor urgencia.

 Hay que estar pendiente de los **costos y comisiones** que te cobra la cuenta por las diferentes transacciones que puedes realizar y tomarlos en cuenta en tus cuentas (valga la redundancia).

 Estas cuentas **NO son un lugar para ahorrar tu dinero**. Todo el dinero que no necesites cámbialo a tu cuenta de inversión.

 Averigua ¡y aprovecha! los **beneficios** que pueden tener asociados estas cuentas, ya sean seguros, programas de recompensas, descuentos, etcétera.

 **Gasta solo lo que tienes.** Los pagos con cheque cada vez son menos frecuentes, pero jamás expidas un cheque por encima de tu saldo, aun cuando "jures" depositar el faltante al día siguiente. Evita también extender cheques posfechados; los costos por cheques devueltos son ¡ouchhhhh!

 Vigila la seguridad de tu tarjeta de débito tanto en los

establecimientos en donde la usas (nunca la pierdas de vista), como en los cajeros automáticos. Más importante que el dinero es tu seguridad e integridad personal al usarlas.

💲 En caso de contar con un servicio que esté conectado a tu cuenta que ya no quieras, vigila muy bien que se desenlace la conexión.

💲 Averigua **de antemano** las políticas y los servicios que tiene tu banco en caso de pérdida o robo de algún instrumento o de intento de fraude electrónico: ¿qué es lo que debes de hacer? ¿Adónde te debes dirigir? ¿Estás cubierto de alguna manera?

## Dinero y transacciones electrónicas/virtuales: el futuro ya presente… y lo que viene

Hablar de los medios de pago virtuales de moda hoy en día implica que el día de mañana vas a estar fuera de moda. Los cambios en el mundo financiero virtual son tan rápidos que cada día hay nuevas tecnologías, nuevas empresas financieras, nuevas posibilidades. Es imposible imaginar que hace tan solo unos años vivíamos en un mundo en donde las finanzas dependían de ir a una sucursal bancaria. Hoy, ya no es "todo con el poder de tu firma", es todo con el poder de tu teléfono celular.

Ahora, la gran y creciente cantidad de opciones es una bendición pero también es una confusión. Tener —cada vez más— tantas alternativas de productos financieros tiene muchos beneficios (facilidad de pago, organización, comodidad), pero nos impone la tarea de definir qué queremos y qué no, y —más importante aún— qué necesitamos y qué no. Además, tener tantas herramientas de gasto disponibles hace mucho más fácil gastar —obviamente ese es el objetivo—, y por ende más difícil ahorrar.

En cuestión de pagos existen muchas opciones electrónicas, algunas nuevas y otras no tan nuevas. Sí, probablemente entre que yo escribo esto y tú lo lees ya existan algunas adicionales.

La cantidad de alternativas que hay son incontables: algunas que ofrece el mismo banco con el que tienes contratada tu cuenta eje (ver la sección anterior) y otras de empresas particulares: medios de pago electrónico (Paypal, MercadoPago, Sr. Pago), *wallets*, sistemas de pago (Apple pay, Google pay), sistemas de pago persona a persona (Moneypool), así como domiciliar pagos, es decir, que te cobren automáticamente recibos recurrentes como la cuenta de luz o el teléfono celular, o conectar directamente con sitios de comercio electrónico o sitios de transacciones financieras. También está el CoDi (lee un poco más abajo para saber qué es).

### ¿Qué es *fintech*, que es el *blockchain*?

Estos son dos de los términos más usados en estos días. Uno es muy simple de explicar; el otro, no tanto.

Fintech *(financial technology)* es, sencillamente, la tecnología que se usa para mejorar y automatizar los servicios financieros que usamos, desde la creación de nuevos bancos virtuales, los créditos en línea, las inversiones, los pagos, hasta las herramientas para organizar presupuestos o cuentas de banco. No es un término nuevo; en su momento (hace décadas), los cajeros automáticos eran fintech. Lo que hoy hace crecer enormemente a esta industria, y su popularidad, es el avance abismal y diario de las posibilidades tecnológicas.

*Blockchain* es un poco más complicado de explicar: es parte del fintech. En términos generales, es una manera nueva de registrar transacciones financieras (y de otros tipos). En el mundo tradicional las transacciones se apuntan en un registro central que guarda de manera única toda la información. Este tipo de registros tienen enormes problemas, la posibilidad de equivocarse, de ser manipulados, etcétera El *blockchain* es una cadena de registros en donde no existe un "jefe". Todos los registros están separados, pero interconectados entre sí, y se actualizan de manera simultánea cuando hay una transacción. Esto permite mayor seguridad y transparencia en las operaciones.

## Tips para usarlos

- $ **No porque existan quiere decir que los TIENES QUE tener.** Limita la cantidad de instrumentos de gasto, tanto para vigilar tus gastos como por la organización de tus finanzas.

- $ **Da clic para aceptar términos y condiciones**. Esta manera de aceptar un contrato es tan fácil y rápida... y tan peligrosa. Como con todos los contratos financieros, tienes que leerlos, no solo dar clic, para conocer sus condiciones, costos y comisiones.

- $ Averigua bien la confiabilidad de cada uno de los productos que vas a bajar. Desde el lugar de donde los descargas —no vayan a traer un virus escondido—, hasta su política de manejo de datos personales. Busca recomendaciones en línea, pero sobre todo de gente conocida que los use.

- $ Aprende a usarlos. Muchos son, cada vez más,

intuitivos y fáciles de usar, pero averigua y experimenta con todas las funcionalidades para poder aprovecharlos al máximo.

- $ Vigila la cantidad de espacio que ocupan en la memoria de tu teléfono celular.

- $ Revisa de manera mensual, como lo harías con cualquier otro instrumento, los pagos que hiciste, así como las comisiones que te cobraron y que no existan irregularidades.

- $ Si quieres cancelar o dejar de usar uno de ellos, no solo lo borres de tu celular, cancélalo para evitar cargos recurrentes o re-suscripciones automáticas.

- $ Pero lo más importante de todo...

## No olvides tu seguridad

La constante evolución y el desconocimiento de su uso adecuado hacen que el dinero virtual sea un campo fértil para *hackers* y ladrones en línea que se aprovechan del descuido de los usuarios para robar dinero y/o valiosa información personal. Para aprovechar al máximo la modernidad y comodidad de este tipo de pagos, es fundamental que sigas los siguientes consejos:

- $ **No te olvides de la seguridad en línea cuando estés desconectado.** La mayor parte de los robos de información no se realizan en el mundo virtual sino en el real; protege el acceso a las claves de seguridad y contraseñas que utilizas para conectarte a tus cuentas en los distintos sitios.

- $ Si tienes que proporcionar tus datos personales al personal de servicio de la empresa que te ofrece la conexión a Internet, **verifica su identidad.**

- $ Cuida la fuerza de **tus contraseñas**. No utilices las que son demasiado lógicas (tu fecha de cumpleaños, por ejemplo) ni la misma contraseña para diferentes sitios.

⑤ Cambia regularmente tus nombres de usuario y contraseñas, y evita utilizar las mismas para todos los sitios a los que tienes acceso. Guárdalas en un lugar seguro, y si es posible que tenga también una contraseña para entrar.

⑤ **Lee la letra pequeña**. Antes de usar cualquier sitio en el que utilices información personal como números de tarjeta de crédito o acceso a cuentas bancarias, revisa las políticas de seguridad que este utiliza y los mecanismos de protección que ofrece. Si tienes alguna duda, comunícate con el proveedor del servicio y aclárala.

Analiza las **políticas de confidencialidad** de la institución (¿pueden vender tu información a un tercero?) y los esquemas de acción y responsabilidad que aplican en caso de que exista algún problema.

⑤ **Ciberalfabetízate.** Asegúrate de que tu buscador *(browser)* sostenga transacciones seguras. Asigna una contraseña para poder encender tu computadora y tu celular.

⑤ No olvides salir de la manera adecuada de los sitio de Internet y *apps (logout)*. Sobre todo de las que usas en tu teléfono celular. Haz todo lo posible por evitar virus en tu equipo que te puedan ocasionar pérdida de información o, incluso, envío de tu información personal y documentos privados a extraños. Evita usar programas pirata, instala un buen antivirus y un *firewall,* y mantenlos actualizados.

⑤ Ojo con el ***phishing,*** la capacidad que tienen algunos ladrones cibernéticos de duplicar una página *web* o correo electrónico de un banco u otra institución financiera. Generalmente, los ladrones envían correos electrónicos indiscriminadamente avisando al destinatario que hay algún problema en su cuenta por lo que necesitan entrar a la página duplicada (posando como la original) y proporcionar información confidencial, como números de cuenta o NIP. Acto seguido, los ladrones utilizan estos datos para acceder a las cuentas y robar su contenido o cometer algún otro tipo de crimen. Ninguna institución financiera te va a pedir jamás que envíes por medios electrónicos tu información confidencial. Si recibes una solicitud de este tipo borra el correo inmediatamente y avisa a tu banco.

**Si algo suena demasiado bueno para ser verdad, probablemente es un fraude.**

Un tipo de fraude cada vez más popular es el de "enganchar a la víctima" haciéndole creer que ha ganado algún premio, para después robarle dinero o algún tipo información confidencial (números de cuenta bancarias, NIP, contraseñas). Nadie está exento de ser víctima de algún tipo de esquema fraudulento. No importa cuán educado, sofisticado o protegido te sientas, cuando te endulzan un supuesto premio todos somos proclives a bajar la guardia y dejarnos engañar.

Para evitar ser víctima de este tipo de robos, toma en cuenta lo siguiente:

- **Duda, duda, duda.** Lo primero que debes hacer al oír "¡Felicidades, es usted el ganador!", es ser cauto y plantear al anunciador todo tipo de preguntas para confirmar la veracidad del premio. Ningún proveedor realmente honesto va a cuestionar tu cautela y tu necesidad de corroborar datos.

- **Ojo, mucho ojo.** Sé particularmente escéptico si para recibir el premio se te exige dar información personal (teléfonos o información de otras personas), si te condicionan la entrega del premio a la compra de cualquier producto, si te solicitan presentarte en algún lugar dudoso o en horarios fuera de lo común, o sobre todo si te presionan diciendo que tienes solo unas pocas horas para actuar si quieres recibir el premio.

- **Revisa.** Cuando te hablen para informarte que has ganado un premio, pide el nombre y teléfono a la persona que te hable, cuelga y márcale tú; así podrás corroborar el número telefónico y asustarás a algunos charlatanes que muy probablemente no querrán proporcionarte datos personales. No te impresiones por títulos oficiales o altisonantes. Esto no es infalible, pero es una buena manera de sacar a los ladrones de contexto.

- **Háblale al proveedor e infórmate** para confirmar si realmente ofrece ese premio y si efectivamente tú has sido el elegido.

## CoDi: el *new kid on the block*

El CoDi, o Cobro Digital, es una plataforma diseñada por el Banco de México para facilitar las transacciones electrónicas persona a persona. Aun cuando todavía no es muy usado, su popularidad deberá extenderse poco a poco conforme diferentes puntos de venta lo empiezan a aceptar.

Básicamente es una manera de hacer pagos en tiendas usando tu teléfono electrónico.

Funciona así: bajas la *app* desde el sitio *web* de tu banco y ligas ahí tu cuenta eje; al hacer una compra el comercio genera un código QR con la cantidad a pagar y otros datos, que tú escaneas con tu celular y aceptas (confirmando con una clave de seguridad), y listo, se saca el dinero de tu cuenta y se le deposita al comercio.

El CoDi permite operaciones en segundos, sin comisiones y con la posibilidad de una mayor organización ya que registra todas tus transacciones.

LEWIS 2-20.

## Estrategia 4. Aprende a organizarte. ¿Y cómo chingaos hago todo esto?

Hay que ir al trabajo, convivir con la familia, arreglar la casa, hacer ejercicio... y encima de todo, dedicar tiempo a organizar mi vida financiera. ¡¿En dónde encuentro la hora 25 del día!?

Seamos honestos: mientras más tiempo te tome organizar tus finanzas, menor es la probabilidad de que realmente te dediques a ellas. Vivimos saturados de responsabilidades, y encontrar horas de sobra para resolver una más es prácticamente imposible.

Y, volvamos a ser honestos: para organizar tus finanzas, necesitas dedicarles tiempo.

Sin embargo, este es mucho menos del que te imaginas; nada de pasar noches en vela haciendo cálculos matemáticos.

Para poder rediseñar tu vida financiera (sin enloquecer en el intento), debes encontrar un programa que sea lo suficientemente concreto y flexible para incorporarlo a tu vida diaria sin ningún fastidio, y que a la vez puedas ver resultados reales y tangibles en el corto y mediano plazo.

Bien dice el dicho que se avanza más con un paso que dura y no con un trote que cansa.

Lo primero que tienes que hacer es dividir tus tareas financieros en tres grupos:

🄢 **Grandes proyectos.** Son aquellos que están enfocados a hacer cambios radicales; por ejemplo, elegir el seguro de vida, hacer tu testamento o diseñar un portafolio de inversión. Por regla general podrás diseñarlos en dos o tres horas, ya sea en una sola sesión o repartidas en dos o tres espacios diferentes.

- ⑤ **Tareas medianas.** Son las que buscan ajustar y actualizar tu plan financiero, como conciliar tu chequera, revisar el estado de cuenta de tu tarjeta de crédito u organizar tus archivos. Llevarlas a cabo toma aproximadamente 30 minutos.

- ⑤ **Actividades pequeñas.** Su objetivo es mantener en orden y al día tu cartera y tu cabeza; hacerlas es cuestión de segundos, e idealmente y con un poco de práctica se deben volver automáticas en tu forma de actuar. Ejemplos de estas son restar del saldo cada vez que extiendas un cheque, o archivar un recibo (físico o en archivo electrónico) cada vez que haya sido pagado.

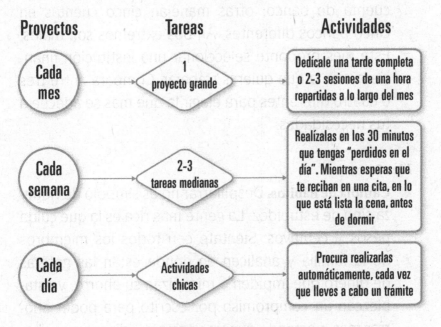

| Proyectos | Tareas | Actividades |
|-----------|--------|-------------|
| Cada mes | 1 proyecto grande | Dedícale una tarde completa o 2-3 sesiones de una hora repartidas a lo largo del mes |
| Cada semana | 2-3 tareas medianas | Realízalas en los 30 minutos que tengas "perdidos en el día". Mientras esperas que te reciban en una cita, en lo que está lista la cena, antes de dormir |
| Cada día | Actividades chicas | Procura realizarlas automáticamente, cada vez que lleves a cabo un trámite |

### Grandes proyectos mensuales

Si dedicas un par de horas al mes, en un año podrás tener una vida financiera radicalmente mejor.

**Mes 1**

⑤ **Haz tu plan maestro.** Tómate el tiempo para preguntarte quién eres y qué quieres lograr financieramente hablando (✇PASO 1 y ✇PASO 2). Contesta todas las preguntas y llena todos los formatos para poder tener una idea clara y precisa de tu situación financiera. Analiza también tus gastos para poder diseñar un presupuesto realista que te permita empezar a ahorrar un poco más (✇ PASO 3).

**Mes 2**

⑤ **Elige un banco.** Muchas personas no tienen ninguna cuenta de banco; otras manejan cinco cuentas en cinco bancos diferentes. Ambos extremos son malos. Este mes proponte seleccionar una institución financiera con la que quieras trabajar. Compara entre tres o cuatro diferentes para elegir la que más se adecue a tus necesidades.

**Mes 3**

⑤ **Cambia de hábitos.** Despilfarrar no es símbolo de riqueza sino de estupidez. La gente más rica es la que cuida pesos y centavos. Siéntate con todos los miembros de la familia y analicen en dónde están las goteras de dinero que impiden o minimizan su ahorro, y establezcan un compromiso por escrito para poder ahorrar más, pactando que una parte del dinero que ahorren lo utilizarán para un premio en común (un viaje, una cena, un aparato electrónico para la casa). Es una gran motivación.

### Mes 4

$ **Elimina tus deudas**. Ahórrate el dinero que pagas de intereses. Mientras más tiempo tardes en saldar tus deudas, más crecerán y más se complicará pagarlas. Este mes proponte analizar la cantidad y el tipo de deudas que tienes y establece un calendario estricto para pagarlas lo más rápido posible. Si necesitas renegociarlas o consolidarlas, este es el momento para hacerlo.

### Mes 5

$ **Familia preparada vale por dos.** ¿Estás bien asegurado? ¿Tus pólizas están al día? ¿Tienes un seguro de vida que realmente protege a tu familia? ¿Pagas la póliza de un automóvil que ya vendiste? Este mes realiza una "auditoría" de tus seguros para cerciorarte de contar con los adecuados. Si todavía no cuentas con ninguna compañía de seguros, proponte buscar una; si ya la tienes, platica con tu agente de seguros o con un representante en el *call center* para verificar que todo esté en orden, y en caso necesario realiza los cambios pertinentes.

### Mes 6

$ **Prepárate para vivir en paz.** No dejes para mañana lo que *debes* hacer hoy. Acude a un notario y haz tu testamento de una vez por todas. Tener un plan de sucesión testamentaria es una muestra de responsabilidad y de amor hacia tus seres queridos.

### Mes 7

$ **Planea para un día lluvioso.** Antes de pensar en otro tipo de inversiones, tómate el tiempo este mes para establecer tu cuenta de emergencia. El tenerla en orden te permite vivir más tranquilo y protege el resto de tu patrimonio ante cualquier eventualidad que pudieras enfrentar. Si no tienes todo el dinero disponible, empieza por depositar una cantidad inicial en instrumentos que combinen liquidez y seguridad.

**Mes 8**

Ⓢ **Diseña un portafolio a tu medida.** Existe una diferencia importante entre ahorrar (guardar el dinero) e invertir (obtener rendimientos de ese dinero). Si te has limitado a lo primero, es hora de que amplíes tus horizontes y busques instrumentos que te den más por tu dinero. Este mes proponte diseñar un portafolio de inversiones a tu medida.

**Mes 9**

Ⓢ **Empieza a planear tus vacaciones y tus regalos de fin de año.** No esperes hasta el último minuto para hacer tus reservaciones de viaje. Hacerlo con anticipación te asegura las mejores tarifas y maximiza la posibilidad de utilizar los "premios" de las tarjetas de crédito o programas de viajero frecuente. Si es posible, viaja fuera de temporada; la diferencia en precios puede ser enorme. Haz, y revisa varias veces, tu lista de regalos de fin de año para poder comprar los regalos adecuados (en calidad y en precio) solo para la gente adecuada.

**Mes 10**

Ⓢ **El tiempo vuela cuando eres joven.** Este mes dedícate a investigar tu Afore y/o plan de retiro. ¿Estás juntando lo suficiente para tener un retiro digno? ¿Tu cuenta para el retiro te está dando rendimientos atractivos? Evalúa si estás en la Afore correcta y/o si necesitas hacer aportaciones voluntarias o generar mecanismos alternativos de ahorro para alcanzar tu meta.

**Mes 11**

$ **Aprende un poco más.** La información es poder. Este mes proponte ser más poderoso. Elige un libro sobre inversiones o manejo de dinero (las biografías de los grandes inversionistas, como Warren Buffett, son brutalmente interesantes, y los recuentos de crímenes financieros, también) y léelo, o averigua sobre algún curso de finanzas personales (ya sea virtual o presencial) y asiste a él. No se trata de aprender *todo* en un solo día, sino de aprender un poco más para poder moverte con mayor soltura en el mundo financiero, o tener buenos temas de conversación en tus reuniones.

**Mes 12**

$ **Alineación y balanceo.** Si seguiste un plan durante los últimos doce meses, muy probablemente hoy estarás en una situación financiera mucho más sana y sólida. Sin embargo, por mejor que sientas que está tu situación ¡no te duermas en tus laureles!, rehaz tu plan maestro con base en este nuevo panorama: contabiliza nuevamente tu patrimonio, elabora un nuevo presupuesto, establece nuevas metas y ajusta tu portafolios de inversiones.

## Tareas medianas semanales

Sencillas cosas que puedes hacer en "espacios perdidos" de treinta minutos para afianzar y actualizar tu plan financiero.

1. Concilia el estado de cuenta de tu cuenta eje y revisa el de tus inversiones.
2. Cambia tus contraseñas de la banca electrónica u otros sitios financieros. Evalúa suscribirte a un programa de almacenamiento de contraseñas.
3. Baja la *app* de banca electrónica de tu institución financiera, date de alta y APRENDE A USARLA.
4. Revisa que tu situación fiscal (RFC, Fiel, pagos de impuestos) esté al día.
5. Revisa la ciberseguridad de tu computadora y teléfono celular.
6. Revisa el estado de tu tarjeta de crédito.
7. Revisa el estado de cuenta de tu Afore
8. Paga tu tarjeta de crédito antes de la fecha límite.
9. Solicita tu expediente en el buró de crédito y/o inscríbete a su sistema de alertas.
10. Regístrate para poder hacer transacciones en línea en tu banco.
11. Limpia tu archivero y organiza tus papeles financieros. Abre un fólder de archivos financieros electrónicos.
12. Lee un artículo sobre inversiones o actualidad financiera.
13. Elige de tus tarjetas de crédito la que más usas y cancela todas las demás.
14. Platica con tu pareja sobre alguna "incompatibilidad financiera" que padezcan.
15. Explícale a tus hijos el buen uso del dinero y escucha lo que ellos opinan al respecto.

16. Pregúntale a tus padres si tienen sus finanzas en orden.

17. Habla con tu asesor financiero y evalúa el rendimiento de tus inversiones en los últimos tres meses.

18. Averigua cuál es el rendimiento que ha tenido tu Afore en el último semestre.

19. Revisa y actualiza tu agenda para programar tus pagos y pendientes financieros de los próximos 30 días.

20. Domicilia algún pago recurrente (aun cuando esté domiciliado no dejes de revisar las cuentas cada mes).

21. Compra, y aprende a utilizar, alguna *app* de finanzas personales.

22. Revisa los cargos automáticos a tu tarjeta de crédito (esa *app* que bajaste con renovación automática) y cancela los que ya no uses.

23. Compra una alcancía para depositar la morralla y una vez al trimestre deposita lo ahorrado.

24. Revisa tus pólizas de seguros para evitar que venzan antes de que las renueves.

## Pequeñas actividades diarias

La mejor manera de facilitar la organización de tu vida financiera, y de minimizar el tiempo que le dedicas, está justamente en los pequeños detalles para mantener el orden. No dejes para dentro de cinco minutos lo que debes hacer en el instante, pues es muy probable que para entonces se te olvide lo que tienes que llevar a cabo. Las pequeñas acciones automáticas son el secreto de la buena organización y eficiencia.

En un principio deberás poner gran atención para que no se te olvide realizarlas, pero poco a poco estas se volverán prácticamente automáticas. Entre las cosas que debes incluir en tu actuar diario se encuentran registrar cada retiro (o depósito) en el momento en que lo hagas y restar (o sumarlo) de tu saldo; guardar en un lugar fijo los *vouchers* de tus compras con tarjeta de crédito y consultar tus saldos vía telefónica o Internet cada vez que tengas alguna duda.

## Qué archivar y por cuánto tiempo

| PAPELES | TIEMPO QUE SE DEBEN GUARDAR |
|---|---|
| Facturas, recibos y pólizas de garantía de automóviles, aparatos eléctricos, electrodomésticos y otros enseres del hogar | Mientras los bienes sean de tu propiedad. |
| Escrituras de tu casa | Mientras la casa sea de tu propiedad |
| Recibos pagados del predial, agua y luz | 5 a 10 años |
| Recibos pagados de gas y teléfono | 1 año |
| *Vouchers* de pagos realizados con tarjetas de crédito (incluyendo recibos de pagos en línea) | Hasta cotejar tu estado de cuenta |
| Estados de cuenta de las tarjetas de crédito | 1 año |
| Talonarios de la chequera y comprobantes de depósito (incluyendo los realizados en línea, los pagos efectuados con tarjeta de débito y los retiros en cajeros automáticos) | Hasta cotejarlos con tu estado de cuenta |
| Estados de cuenta de la chequera | 1 año |
| Contratos de cuentas de inversión o ahorro | Guardar el contrato vigente |
| Estados de cuenta de tus cuentas de inversión o ahorro | 12 meses |
| Contratos de préstamos o créditos (personales, de automóvil, hipotecario) | Hasta pagar completamente el crédito |
| Recibos de pagos, de préstamos o créditos | Hasta repagar completamente el crédito |

| Papeles del Infonavit | Hasta acabar de pagar la vivienda |
|---|---|
| Contrato de tu Afore | Guardar el contrato vigente |
| Estados de cuenta de tu Afore | Guarda el más reciente |
| Papeles del IMSS | 10 años: declaraciones, altas, bajas, cambios<br>5 años: el resto de los documentos<br>Eternamente: cédula |
| Contratos de seguros y recibos de las pólizas | Mientras esté vigente el seguro |
| Copia del testamento o fideicomiso testamentario | Siempre debes conservar la versión reciente |
| Información de tus cajas de seguridad | Mientras la caja sea de tu propiedad |
| Declaraciones de impuestos | 10 años |
| Comprobantes fiscales de compras realizadas o servicios | 10 años |
| Documentos relacionados con tu trabajo (contratos) | Mientras conserves ese empleo |

## ¿Qué necesito?

Las herramientas para llevar tus finanzas pueden ser tan simples o tan sofisticadas como tú lo desees. Si quieres tomar el camino sencillo, lo único que necesitas es lápiz y papel o una hoja de cálculo para armar tu plan, llevar las cuentas y apuntar las notas pertinentes, así como un fólder o cajón para guardar todos los papeles que necesites almacenar (estados de cuenta, contratos, recibos, pólizas, números de teléfono, etcétera) Sí, incluso en el siglo XXI la cantidad de papel que genera la vida financiera es enorme.

Ahora, si quieres sofisticar tu planeación existen instrumentos que si bien no son fundamentales, sí te pueden ayudar a agilizar y profesionalizar tu manejo financiero:

🄢 **Una calculadora.** Salvo que seas un genio matemático, tener una calculadora evita *errores de dedo* y te permite realizar cálculos más sofisticados (como tasas de interés compuesto y rendimientos esperados). Existen calculadoras sencillas, con las funciones matemáticas básicas, o especialmente diseñadas para el manejo financiero, que resuelven automáticamente fórmulas y problemas.

$ **Una *app* que organice tu vida financiera.** Son cada vez más completas y sofisticadas y ¡fáciles de usar! Estas aplicaciones te permiten tener toda (o casi toda) tu vida financiera organizada en un mismo lugar. Muchas pueden, incluso, tener acceso a tus cuentas bancarias para ayudarte a organizar tus gastos y tus inversiones aun cuando los hagas en diferentes instituciones o por diferentes canales. Pueden ser una maravilla, pero OJO, por más automáticas que sean no son mágicas, necesitas alimentarlas y mantenerlas al día para poder sacarles el mayor provecho. Y doble OJO: necesitas tener cuidado con la ciberseguridad y el manejo de las contraseñas que utilizas.

$ **Una agenda.** Acordarte de todo lo que tienes que hacer, y cuándo tienes que hacerlo, es una actividad de tiempo completo. Una agenda, ya sea de papel o electrónica (como los calendarios de Google o Ical), te permite programar y recordar fechas importantes como pagos, vencimientos o compromisos financieros, así como poner fecha límite a tus proyectos y propósitos.

$ **Un archivero físico y uno electrónico.** Papeles por aquí, archivos y correos por allá. Llevar el control de tu vida financiera implica guardar una gran cantidad de información impresa y electrónica. Hacerlo de manera ordenada, con un archivero en donde cada separación esté asignada a un tipo de información particular, te puede ayudar a encontrar el recibo del predial de hace tres años, una copia de tu testamento o el estado de cuenta de tus inversiones de manera inmediata y sin tener que estar excavando entre cientos de hojas.

$ **Una trituradora de papel.** La mejor manera de cuidar tu seguridad y evitar que tus datos sean robados es rompiendo los papeles financieros que ya no necesitas, léase estados de cuenta, notas o recibos. Y la mejor manera de romperlos, por rapidez y eficiencia, es con la ayuda de una trituradora de papel. Triturar tus papeles confidenciales te da —literalmente— la seguridad de que nadie se va a apropiar de tu información.

$ **Plumones de colores y notas autoadheribles**, ¿Qué les digo? Soy fan.

# Una estrategia adicional y fundamental: hablar de dinero

La parte más importante de las finanzas personales no es la financiera, sino la personal.

¿Cómo? Llevamos un libro completo hablando de la parte financiera, de números, de instrumentos, de estrategias, de planes que tienen que ver con pesos y centavos ¿Cómo puede ser que eso no sea lo más importante?

No. No lo es.

La parte más importante —y también la más complicada— es cómo nos relacionamos financieramente con la gente que queremos. Uno de los temas que se vuelve evidente en todas las crisis es cómo los pleitos por dinero empiezan a reproducirse como conejos. Cuando los problemas entran por la puerta, el amor salta por la ventana. Más bien, cuando los problemas entran por la puerta, la falta de comunicación financiera avienta el amor por la ventana.

Porque, queramos o no aceptarlo, se oiga o no frío y monetarista, detrás de todas las relaciones de amor que tenemos hay un ángulo financiero. No vivimos en un laboratorio o adentro de una calculadora. Somos seres sociales, y una de las cosas que más nos vincula a la gente es el dinero.

Amamos a nuestra pareja, pero peleamos constantemente por falta de comunicación financiera; nos preocupamos por nuestros padres y lo primero que pensamos es en cómo ayudarlos u orientarlos en temas de dinero. Ni se diga de los hijos, una de nuestras grandes responsabilidades como padres es educarlos como adultos financieramente responsables e inteligentes.

Cuidado, no es cuestión de tener mucho o poco dinero, es poder hablar abiertamente de dinero con la gente que nos rodea; es poder establecer planes y estrategias conjuntas: es evitar, o si ya explotaron, solucionar los problemas de comunicación o incompatibilidad financiera.

El mejor plan de finanzas personales no está completo si no incluimos hablar de dinero con **nuestra pareja, con nuestros padres y con nuestros hijos.**

De nada nos sirve acumular riqueza que nos va a solucionar problemas materiales pero que no va a resolver, o va a causar más, conflictos personales.

El dinero es el último tabú que existe en el siglo XXI. Basta meterse a las redes sociales para darnos cuenta de cuáles son los temas de conversación comunes y silvestres. Nada está prohibido.

Con toda la razón. La salud mental y las buenas relaciones entre personas de una buena familia se basan en tener canales abiertos y honestos de comunicación. Cada vez más tenemos el valor de hablar en familia, incluso con hijos pequeños, de temas cada vez más complicados: de imagen corporal, de sexualidad responsable, de *bullying*, de adicciones. A todas las cosas se les trata por su nombre. Y esto es maravilloso y completamente necesario, pero ¿y de dinero?

En más probable que les hablemos a nuestros hijos de los pros y contras de la mariguana, a que les expliquemos los pros y contras de una tarjeta de crédito. Es más probable que hablemos con nuestra pareja de disfunción sexual, antes de aceptar enfrente de él o de ella que tenemos un problema financiero; es más probable que les preguntemos a nuestros padres si están yendo regularmente al baño a si tienen al día su seguro de gastos médicos.

Irónico, ¿no?

Vivimos en un mundo en donde el dinero es una parte esencial de la vida, un ángel y un demonio al mismo tiempo, un método de protección y una gran tentación, y jamás lo ponemos como un tema de discusión en la mesa.

¿No lo ponemos en la mesa? ¿Cómo? Si de eso hablamos todo el día.

Sí. Puede ser. De las fortunas de Carlos Slim y de Jeff Bezos, y de mi suegro y de mi compadre, de quién es más rico, de quién se está haciendo más rico, de quién se está haciendo más pobre, del tipo de cambio, del precio del petróleo...

Sin menospreciar las amenas pláticas a las que esos temas dan lugar, o no, eso no es hablar de dinero, es chismear de dinero. Somos expertos en CHISMEAR de dinero.

Pero, como cualquier chisme, son temas que no necesariamente son reales, sobre los que no tenemos ningún control y que realmente no nos sirven de mucho, más bien de nada.

Pero, ¿de lo que tengo? ¿De lo que tenemos en familia? ¿De lo que malgasto? ¿De lo que debo en demasía? ¿De lo que debería hacer y no hago? ¿De lo que les doy a mis hijos sin límites porque es más fácil darles dinero que darles explicaciones? ¿De los pleitos que el dinero ocasiona con mi pareja? ¿De la preocupación que tengo por no saber qué tan protegidos están mis padres?

¿Por qué somos tan malos para hablar honestamente de dinero de una manera abierta y propositiva?

En parte, porque ni siquiera como adultos tenemos clara la importancia, o no, que el dinero tiene en nuestra vida.

Es lo que yo llamo la disyuntiva Walt-Wall.

Hay personas que viven, y que por ende educan a sus hijos y tratan a su pareja y a sus padres con la versión financiera de Walt Disney: *Hijo hermoso, amor de mi vida, papá bonito* (música de fondo de violín y pajaritos). *Las cosas más importantes de la vida no se compran con el dinero. El amor, la familia, la unión de las almas, los atardeceres y los eclipses son lo que vale la pena... Quiero que tengamos una vida y una relación completamente desapegada de lo material, sufriremos menos y aspiraremos más seguido el aroma de las flores que nos rodean.*

La otra versión es la visión Wall Street. (Aquí va con música de reguetón): *Papacito, mamacita, en esta vida todo tiene un precio. Todo se compra. Todo se vende. Todo es contante y sonante. Todo se resuelve con dinero. Para valerte por ti mismo el mejor escudo es tu cartera.*

Ambas visiones están equivocadas. La primera, porque forma personas ilusas e irresponsables y relaciones poco productivas y francas, y la segunda versión porque hace gente que, como dijo Oscar Wilde, conoce el precio de todo pero el valor de nada y establece relaciones oportunistas.

La verdad está en el justo medio: puede ser que las cosas más importantes de la vida no se compren con dinero, pero SOLO en la medida en que sepamos hacer buen uso de los bienes materiales que tenemos, vamos a poder disfrutar de ellos.

El dinero no compra el amor o la felicidad o los atardeceres perfectos, pero saberlo manejar es la llave que permite abrir, o por el contrario, dejar cerrada, una enorme gama de opciones y posibilidades en la vida y tener la tranquilidad para disfrutar del amor, la felicidad y de esos atardeceres perfectos.

Omitir las conversaciones sobre dinero de nuestras relaciones más íntimas no solo limita el éxito financiero de un plan financiero (es mucho más difícil resolver problemas cuando no todos están trabajando con el mismo objetivo), sino que lastima, muchas veces de manera irreparable, las relaciones más importantes que tenemos.

Warren Buffett, el inversionista más importante de la historia, tiene una frase increíble: "Cuando baja la marea es cuando nos damos cuenta de quién está nadando desnudo".

Y desnudos estamos muchos de nosotros cuando llega una crisis. Desnudos en temas financieros, en falta de presupuestos y de ahorros y sobreendeudados y subasegurados. Y desnudos, también, en temas de comunicación financiera con nuestra pareja y en educación financiera a nuestros hijos.

Nos revuelca una ola, nos ahoga una crisis y todo esto se pone en evidencia.

Quizá lo único bueno que traen las crisis es que, muchas veces, hacen impostergable el poner sobre la mesa la importancia de las finanzas personales y de la educación financiera de nuestros hijos, para poder reconstruir y vivir vidas más estables y prósperas, tener hijos más inteligentes en temas de dinero, relaciones más honestas con nuestras parejas, y mayor tranquilidad sobre el futuro financiero de nuestros padres.

Es momento de tener con nuestros hijos, con nuestra pareja y con nuestros padres las conversaciones más importantes de todas. Esas que quizás hemos postergado, por falta de tiempo o por falta de conocimiento o por miedo. Qué importancia tiene el dinero para NOSOTROS, cuál es NUESTRA situación, en qué NO hemos sido HONESTOS, que NECESITAMOS hacer para solucionar en conjunto los problemas que vivimos.

Para que cuando llegue la próxima crisis, ya sea una pandemia o un asunto personal, y baje la marea, traigamos, tanto nosotros como ellos, bien puesto el traje de baño.

No son conversaciones fáciles. A veces es "aparentemente mejor" vivir en la negación que enfrentar los problemas cara a cara, pero si tenemos la suerte de tener gente cercana (nuestra pareja, nuestros hijos y/o nuestros padres) debemos abrir los canales de comunicación financiera para poder compartir los problemas con ellos, para encontrar las soluciones juntos, para poder vivir las angustias juntos, y después, poder disfrutar de los éxitos juntos.

# Una nota final… Hasta que la próxima crisis nos ~~encuere~~ encuentre

**Las crisis nunca paran…**

Suena el teléfono: "Covid positivo".

Recibes un correo: "Estás despedido".

Escuchas un mensaje de voz: "Ya no te amo, me voy de la casa".

Lees un SMS: "Lo siento, falleció".

Una noche de insomnio: "Necesito hacer un cambio radical en mi vida".

Pierdes la respiración y ves, como en la proverbial película, las escenas de tu vida flashear ante tus ojos, pero te sabes protegido financieramente, con ahorros, con pocas deudas, con los seguros adecuados, y la pregunta no es un tímido y angustiante: *¿Cómo chingaos sobrevivir a una pandemia?*, sino un grito de guerra:

*¡¡¿¿CÓMO CHINGAOS **NO** VOY A SALIR DE ESTA??!!*

En vez de que la crisis te encuere, puedes salir a su encuentro con los puños en alto. La vida no es la ausencia de crisis. Suena ideal, pero sería lo más aburrido del mundo, porque ahí donde no hay crisis no crece nada más.

La vida es la búsqueda constante de lo que nos desafía y el encuentro de lo inesperado; las subidas, las bajadas, las crisis y los éxitos, el nudo en la garganta, las lágrimas de angustia y los gritos de la conquista.

El dinero es una parte INSEPARABLE de este proceso de altibajos, de nosotros, y de nuestra planeación depende si es una causa de angustia o un gestor de tranquilidad; la diferencia entre ellos está en la inteligencia con la que manejemos nuestra vida financiera; en la planeación; en cómo reconocemos nuestros errores y los resolvemos y en cómo aprovechamos nuestras fortalezas.

A veces, las crisis son una oveja con piel de lobo: nos obligan a hacer cambios que de otra manera jamás haríamos. No es "a pesar" de una crisis que salimos adelante, es "gracias" a ella.

Las crisis son inevitables y el carácter de lucha para salir de ellas también lo debe ser. No somos seres que se rindan; nuestra planeación financiera debe encontrar el punto de partida y los objetivos y las rutas, y calcular y recalcular una y otra y otra vez.

No vienen tiempos fáciles. Para nadie. Pero tenemos que estar a la altura de las circunstancias.

Tenemos que enfrentar la situación, sea cual sea, y salir adelante y sacar adelante a los nuestros.

Tenemos la responsabilidad enorme de aprovechar esta crisis y resolver todas las dudas, problemas, silencios y pendientes financieros que durante años hemos guardado en un cajón y olvidado.

Tenemos la enorme responsabilidad con nuestras familias de asegurar su tranquilidad y prosperidad real.

Tenemos una enorme responsabilidad con nuestro México. Porque mexicanos que saben más cómo manejar su dinero toman mejores decisiones que generan mejores empresas, un mejor sistema financiero y un mejor país.

Pero, sobre todo, tenemos la enorme tarea pendiente con nosotros mismos de asumir las responsabilidades que nos tocan de una manera plena y valiente.

No se trata de si podemos o no, podemos. No es si queremos o no, queremos.

No es sin miedo. Es con miedo, pero con ganas.

Seamos —y si no lo somos volvámonos— hombres y mujeres de lucha y comprometidos

Enseñémonos que de los momentos más difíciles podemos salir fortalecidos e, incluso, más ricos, en el verdadero sentido de la palabra.

> *Nuestra mayor gloria*
> *no está en no caer jamás,*
> *sino en levantarnos*
> *cada vez que caemos.*
> **Confucio**

Y JUSTO CUANDO CREES QUE LA LIBRASTE, LLEGA LO QUE SIGUE

## Y si necesitas ayuda

La gran maravilla de la modernidad es el enorme acceso que tenemos a información con el simple hecho de conectarnos a una pantalla.

Cierto, hay que distinguir entre la información que sirve y la información que paraliza, pero ahí está para nuestra consulta y, sobre todo, para nuestro servicio.

Todos los bancos e instituciones financieras tienen páginas *web* y cuentas de redes sociales que no solo son buenas (a veces son buenísimas) fuentes de información, sino un maravilloso canal de primer acceso a centros de ayuda.

Las organizaciones públicas como el Infonavit, la Consar (para el tema de Afores) tienen también una enorme cantidad de recursos y canales de ayuda en línea. Ojo, siempre verifica estar navegando en la página oficial.

Y por último...

En México, la institución encargada de atender y ayudar a los usuarios de servicios financieros es la Condusef, que en su nombre lleva la penitencia: Comisión Nacional para la Protección y Defensa de los Usuarios de Servicios Financieros. Es un organismo público que tiene como tarea promover, asesorar, proteger y defender los derechos e intereses de las personas que utilizan o contratan un producto o servicio financiero ofrecido por las instituciones financieras en México; supervisar a las instituciones financieras para que tengan un trato adecuado con sus clientes (o sea, nosotros), y en caso de algún problema actuar como intermediario. También tiene como meta generar cultura financiera mediante la educación y publicación de información.

Puedes acceder a sus servicios a través de su página de Internet <https://www.condusef.gob.mx/>, al teléfono 55 53 40 09 99, o directamente en una de sus unidades de atención a usuarios.